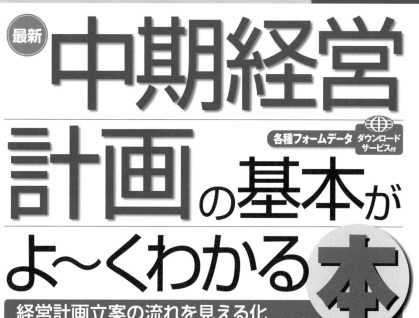

図解入門ビジネス

Shuwasystem Business Guide Book

How-nual

最新 **中期経営計画の基本がよ～くわかる本**

各種フォームデータ ダウンロードサービス付

経営計画立案の流れを見える化

［第3版］

(株)船井総合研究所
**菅原 祥公** 著

秀和システム

# はじめに

　本書は 2010 年に第 1 版、その後 2015 年の改訂を経て、このたび第 3 版として出版させていただくこととなりました。

　この間、企業を取り巻く環境は本当に大きく変化しました。特にこの数年は、コロナ禍の影響による世界的不況に、戦争による世界的原材料高が追い打ちをかけています。そのため、世界はいま、これまでの経済や経営の常識を大きく変える転換点を迎えています。

　しかしながら、これらの経営環境において悲観することはありません。景気は循環します。本文でも時流について触れていますが、大きな流れでいえば、2030 年前後から日本は景気回復の局面に入る可能性が高いとも見ています。

　いまを悲観せず、将来に希望を持ち、企業成長による従業員や社会の幸せを追求していくためにも、経営計画は欠かせません。

　さて、このたびの改訂では、経営環境が大きく変わったことを受け、内容を見直しています。

　特に、第四次産業革命の中で経営のデジタル化や AI 導入などが進みつつある流れを受け、第 9 章「DX 戦略構築」を新たに設けました。どのような企業であってもこの流れを無視するわけにはいかないからです。

　経営計画立案における原則に従って構成された本書の骨子は変わっていませんが、社会の中での自社の役割がより意識されるようになったという今日の状況を踏まえた改訂も行っています。

　第 1 章では経営計画の重要性について述べています。さらに近年、無視できなくなってきた ESG に代表される要素も付加しています。

　第 2 章では理念の策定、第 3 章—ビジョンの構築、第 4 章から第 6 章までは各種現状分析手法、第 7 章—現状分析総括、第 8 章—基本戦略構築と続き、新たに第 9 章—DX 戦略構築を付加しています。

　第 10 章—基本経営計画立案、第 11 章—数値計画、そして第 12 章でそれらの計画の現場への落とし込みと浸透、といったテーマで構成しています。

第4章から第7章までの現状分析は、紙面の制約により、ポイントを述べるにとどめています。現状分析の詳細について知りたい方は、この本の姉妹書でもある『最新ビジネスデューデリがよ〜くわかる本』（秀和システム刊）をお読みください。企業の現状分析手法についてより詳しく解説しています。

　また、この本が皆様の計画づくり——本当に企業が活性化していく計画づくり——の手助けとなるよう、各種フォームにもこだわり、最新版を掲載しています。このフォームに沿い、自社に合うようにカスタマイズしながら、フォームの内容を埋めていく過程を通して、企業の活性化に貢献できる計画づくりをしていただければ幸いです。

　私が長年所属している船井総合研究所では、「長所伸展」の考え方を非常に大切にしています。そのため、計画策定においても、課題だけにフォーカスすることなく、伸ばすべき長所を明確にすることをお勧めしています。

　また、企業を取り巻く情報を徹底的に洗い出し、整理し、並べてみてください。そして、自社のあり方、将来だけに全思考を傾けます。何日もこれを続けると、面白いことにあるとき各資料が統合されて、自社の進むべき方向性が、あたかもひとつの明確な道のように見えてきます。経営計画立案の醍醐味はここにあります。ポイントは、現状のしっかりした整理、ならびに戦略的思考の基礎を学ぶことです。

　この道さえ見えれば、それを計画に落とし込むのはそれほど難しい作業ではありません。どのような企業にも必ず、「こちらに進めば企業が成長し、そして世の中の役にも立つ」という“活き筋”があります。この本は、そんな素晴らしい計画づくりへの導入本となることを願って執筆したものです。

　最後となりましたが、本書の出版にあたり色々と助けていただいた株式会社秀和システムの編集部の皆様に深く感謝いたします。

　また、これまで企業経営の現場で私を寛大な心で見守ってくださった多くの経営者の方々およびその社員の皆様、船井総合研究所の諸先輩方やメンバー、そして両親と家族にも、この場を借りてお礼申し上げます。感謝！

2023年1月
株式会社船井総合研究所／成長戦略株式会社
菅原祥公

**図解入門ビジネス**
# 最新中期経営計画の基本がよ～くわかる本 [第3版]

## 第1章 中期経営計画とは

## 第2章 理念の策定

# 第3章 ビジョンの策定

# 第4章 外部環境調査

# 第5章 内部分析

## 第6章　財務分析

## 第7章　現状分析総括

# 第 8 章　基本戦略構築

# 第 9 章　DX 戦略構築

# 第 10 章　基本経営計画立案

## 付録シートについて

　本書をご購入いただいた読者の皆様に、本書で使用した各種シート（フォーマット）をご提供します。

### ●シートの入手方法について

　次のWebページにアクセスして、ダウンロードしてください。秀和システムのWebサイト内にある、本書のサポートページです。

https://www.shuwasystem.co.jp/support/7980html/6878.html

　Webページに記載された説明に従って、ファイルをダウンロードしてください。ダウンロードしたファイルは圧縮されています。これを解凍する際、パスワードの入力が要求されます。パスワードは本書の「Cコード」です。カバーや奥付等に記載されている、「C」から始まる数字を入力してください（「C」は入力不要です）。

　なお、ファイルの解凍方法が分からない方は、次の手順で行ってください。まず、当該ファイルをダブルクリックして開きます。次に、中にあるフォルダーをデスクトップなどにドラッグ＆ドロップします。その際、パスワードの入力が要求されるので、上記のとおり入力してください。

### ●ファイル形式について

　シートは、Excel形式（.xlsx）のファイルです。Excel 2007以後のバージョンで、おおむね問題なくお使いいただけます。ただし、お使いのパソコンやソフトウェアの環境によっては、一部、セルの表示等で不具合が起こる可能性があります。

### ●ファイルの著作権について

　本シート（ファイル）の著作権は、著者である菅原祥公に属します。データはご自身の業務にお使いいただいてかまいませんが、データそれ自体を販売するなど、著作権法が定める範囲を逸脱する使用は禁じます。

### ●免責事項

　本シート（ファイル）の使用によって生じた損害について、著者および株式会社秀和システムは責任を負えませんのでご了解ください。

# 第 ① 章

# 中期経営計画とは

　導入の章として、ここではまず「経営計画の必要性」、そして「経営計画策定における全体像と策定のポイント」について説明していきます。特に、経営計画を策定する上での構成要素、押さえるべきポイントと策定手順の概要をできるだけ分かりやすく説明しているので、導入としてお読みください。

　現在は不透明な時代であり、時流の変化も激しいため、1年先を見通すことも難しい状況です。だからこそ、自社の立ち位置を明確化し、将来の方向性を示す時期でもあります。自社の経営計画を立案する上で、まず、この点を十分に認識してください。

中期経営計画とは

# 企業構造と経営計画の位置づけ

経営計画が、企業の行う事業全体において重要な位置を占めていることを、企業構造の側面から理解していきましょう。

## ◇ 企業構造とは

経営計画は、先にも述べたように、経営において重要な位置を占めます。

まずは図1-1-1を見てください。この**企業構造**を分かりやすく知るには、6つの鍵があることを理解しましょう。

企業の構造（1-1-1）

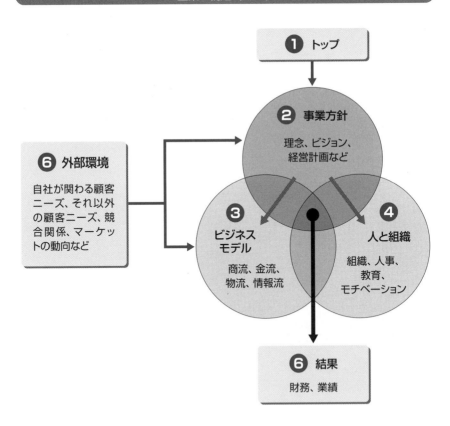

どのような組織体も、この6つが基本骨格となっています。

## ❶トップ

「会社はトップで99%決まる」といわれるくらい、トップの意識、考え方が会社に大きな影響を及ぼすこととなります。そのため、トップの考え方を知ることは非常に重要です。昨今の、消費者をだます行為や不正などのもとをただせば、トップの考え方に由来していることがほとんどです。このトップの考え方が、結局、社風といわれるものを創り上げます。

## ❷事業方針（経営計画層）

次に事業方針（経営計画層）があります。これは、トップや企業が代々伝えてきた考え方を表現した「理念」、会社が向かう方向性を明確にした「ビジョン」、そして現状とビジョンのギャップを埋めるための「戦略」、具体的な「目標」などで構成されます。ここを知れば、企業が進もうとしている方向、そして、それを達成するために打つ手などが分かります。これを経営計画と呼び、企業経営の全てに影響を及ぼすこととなります。

## ❸ビジネスモデル

❷の事業方針を達成するために、どのようなビジネスモデルで展開するか。デューデリジェンス（買収調査）においては、ここが1つの大きなポイントとなります。ビジネスモデルは、商流、金流、物流、情報流に分けて考えることができます。

## ❹人と組織

どのような組織体制で運営しているか、というポイントです。いくら優れたビジネスモデルを持っていても、人と組織が原因で衰退するのはよくあることです。この見極めも重要です。

## ❺結果

企業活動の結果が業績として、また、その蓄積が財務として表れます。

## ❻外部環境

いかなる組織も外部からの影響を受けます。そのことにより、方針やビジネスモデルといったものは変化します。そのため、外部環境を捉えることも重要です。

以上の6つの構造からなる経営体の中で中核を占めるのが、「事業方針（経営計画層）」です。経営計画は、それほど重要な位置を占めています。

# 2 組織における経営計画の位置づけ

ここでは、組織における経営計画の位置づけを説明します。

## ◇ 3 段階ある経営計画の形

　さて、この経営計画づくりには、大きく分けて3つの段階もしくはタイプがあるといえます。それらを簡単に説明します。

　まずは図1-2-1を見てください。

　ここにもあるように、はじめから経営計画の概念が存在しない層が存在します。それをここではあえて「経営計画無視層」と呼びます。これには2パターンがあります。まず、従業員が少ない「小規模・零細企業」です。従業員が30名以下と少なく、かつ拠点が少ない場合、社長が全ての従業員と日々、顔を合わせることが可能です。そのため、社長の思いや計画を日々伝えることができます。また、そのような会社では、社長が経営の最前線に立って売上や利益をつくっているため、計画を自分の頭の中で立てて実行していっても問題ない、ともいえるでしょう。

　もう1つの経営計画無視層は「超ワンマン経営」に見られます。トップが全ての判断をし、指揮を執っていくスタイルでは、経営計画として利害関係者にその内容を示す必要がありません。

　次は、経営計画を立てっぱなしにする「計画立てっぱなし層」です。経営計画は毎期立てるのですが、計画がほとんど達成されない状態にある企業です。また、計画の期中におけるチェックや修正といったこともあまりなされず、従業員の意識の中でも計画は重要視されていない状況にあります。計画は「年1回の儀式」という形になっており、「1年経ってみて、どうだったかを振り返るもの」的な存在です。このような会社は当然ながら推進力や一体化力が弱く、時流に乗っているのでない限り、業績の停滞しがちな企業が多いようです。

　最後に、計画づくりから、そのチェック、改善まで確実になされている「PDCA確立層」があります。ここまでできているのは、公開企業やそれに準ずる企業、あるいは、本気で優良企業を目指している会社に限られます。もちろん、PDCAができていれば経営がうまく回るというわけではありません。しかし、優良企業の必要条件であることは間違いないのです。

　この層の会社は、利害関係者および特に第三者の目も意識しながら経営しているという、ある一定の外的圧力の存在も大きいように思われます。このような外圧がなければ、チェック体制を整備・推進していくことはなかなか難しいようです。

　そのため、世の中には「計画立てっぱなし層」の企業が多数存在します。未公開企業が「PDCA確立層」に入るには、一時的なものにせよ、ある一定の強制力が必要かもしれません。例えば、社外取締役制度を取り入れたり、筆者のようなコンサルタントをチェック機能の1つにしたりすることも有効だと思われます。

　ここで、PDCAを成功に導くコツをお教えしておきます。PDCA確立の成否は、計画立案段階で8割方決まります。いい計画とは、「従業員の末端まで、その計画に基づいて行動変革を行えるもの」です。そのためにも、経営計画の立て方をしっかりマスターしていただけたらと思います。

### 経営計画の3段階（1-2-1）

| 段階（タイプ） | 経営計画の状況 |
|---|---|
| 経営計画無視層 | 計画自体が存在しない層。計画は全て社長の頭の中。表には一切出てこない。ワンマン経営や小規模零細企業に多いタイプ |
| 計画立てっぱなし層 | 計画は立てるが、社内ではあまり重要視されておらず、検証もなされていない層。経営計画が儀式化している。中小企業に多いタイプ |
| PDCA確立層 | 計画を立て、そのフォローや改善もできており、次年度の計画にも確実に活かされている。公開している、またそれに準ずる企業 |

# 企業変革のための経営計画とは

複雑化、混迷化する企業環境下において、経営計画の性質が大きく変わってきています。
そこで、いま企業に求められている経営計画のポイントから入っていきます。

## ◇2タイプの経営計画

　経営計画は「現状拡大型」と「現状変革型」の2種類に大別できると考えられます。それらを簡単に説明します。

### ●現状拡大型経営計画

　こちらは、現在の事業やビジネスモデルが好調であり、それを水平拡大していくときに用いるものです。また、自社が攻め入る市場の規模も十分に大きいことが必要とされます。こちらの経営計画は比較的イメージしやすいため、経営計画の構築もさほど難しくありません。

　注意点としては、どれくらいのスピードで、どこまで拡大するか（できるか）ということですね。そのための投資資金や供給の確保、人員の確保、組織変革などがポイントとなります。

### ●現状変革型経営計画

　こちらは、現状拡大型とは逆に、既存事業の成長鈍化や利益率の低下などが見られ、事業を抜本的に変革していくときに用いるものです。また、外的要因の大きな変化により、事業そのものを見直さなければならない場合もあるでしょう。その変革スピードとしては、単年度での実行を迫られることもありえます。しかしながら、企業の内部体質や仕組みは、そう簡単には変えられません。そのため、「何を」「どのように」「どれくらいのスピード感で」変えるのか、といったところが計画の要点になってくるでしょう。

　自社の経営計画はどちらの型で立てるべきか——迷った方は、簡単なチェックシートを図1-3-1に用意したので参考にしてください。とはいえ実際の計画立案においては、「どちらにするか」といった単純なものではなく、事業ごとに違うなど2つの型が混在することも多々あります。

現状拡大型 / 現状変革型の選択の目安（1-3-1）

| チェック項目 | 現状拡大型 | 現状変革型 |
|---|---|---|
| 既存事業の売上が順調に成長 | している | していない |
| 既存事業の利益額・率が成長 | している | していない |
| 対象市場において拡大の余地は | ある | ない / 厳しい |
| 事業に関わる大きな外部環境変化は | ない | ある |
| 内部体制において大きな改革は | 不必要 | 必要 |

## ●現状維持型経営計画には気をつけろ

　もう1つ、経営計画を立てる上で気をつけてほしいことがあります。それは「現状維持型」の経営計画です。「現状拡大型」と似て非なるもので、「現状の事業を昨対105％成長」といった、手堅い、何の変化も必要としない計画は"計画"ですらありません。現場には何の変化もなく、結局は低い目標さえ達成しないということが起こってしまいます。

## ◇ 抜本的変化が求められる経営計画

どちらの型の経営計画にしろ、経営環境がボーダレス化、複雑化、混迷化し、企業が進むべき方向性の見極めが非常に難しくなっている今日の状況に即して立案しなければなりません。

日本国内を見ても、人口・労働人口の減少、高齢化、外的要因による原材料コストの上昇など、事業構造を大きく揺るがす問題が山積しつつあります。また、想定外のパンデミックや世界的分断の影響も加味しなければならず、経営層としては非常に舵<sub>かじ</sub>とりの難しい時代となってます。

しかしながら、このような変化のときは、企業体質や事業のあり方そのものを大きく変えることができる絶好の機会ともいえます。

筆者のいる船井総合研究所には、"時流適応"という考え方があります。世の中の流れを的確につかみ、それに合わせて事業を変革していくことです。まずはその観点から、経営計画に取り入れるべき時流（外的要素）を図1-3-2に簡単にまとめてみました。このあとの節で、それぞれについて見ていきます。

### 経営計画の立案時に検討すべき時流（1-3-2）

**1** 時流に合わせた事業の統廃合と中核事業の磨き込み

**2** 事業の継続（BCP）と承継の検討

**3** DX対応、ITの活用による革新

**4** ESGに代表される社会的要求への対応

# 時流に合わせた事業統廃合と中核事業の磨き込み

経営計画において検討すべき時流の1つ目、事業の統廃合や新規立ち上げにおけるポイントを説明します。

## ◇ 経営サイクルを回す

経営計画を立てる際にはまず考えてほしいのは、「自社をどのような方向に持っていくのか」、「何を磨き込み、何を捨て、何を新しく実施するのか」ということです。

これらを明確に示し、サイクルとして回すのが"経営計画"なのです。

### ❶何を磨き込み、自社の圧倒的な「強み」とするか？

どのような時流においても中核に置くべきものがあります。それは自社の「強み」です。「自社の強みは何か」、「何を徹底的に磨き込めば、他社にも時流変化にも負けないものになるのか」を明確にする必要があります。

### ❷要らないもの、無駄なものは何か？

その上で現在の時流や外部環境も考慮し、自社に不必要なもの、無駄なものを明確にします。それは、活動であったり事業であったりするでしょう。何も捨てないで新しいことを始めるのは困難です。経営においては捨てる勇気が必要なのです。

### ❸新しく始めるもの、実行するものは何か？

捨てるものを決めた上で、自社の強みを強化するために新しく始めるもの、事業や行動など付加するものを決めます。

### 経営原則におけるサイクル （1-4-1）

❶何を磨き込み、
圧倒的な強みとするか

❷要らないもの、
無駄なものは何か

❸新しく始めるもの、
実行するものは何か

## ◇ 事業統廃合における M&A 手法の利用

　先ほど述べた経営サイクルにおいて検討してほしいのは、「やめることを決める」ことです。人は、一度始めた何かをやめることはなかなかできません。それを明確に示すことができるのが経営計画です。

　事業でいうと、**統廃合**です。事業そのものの統廃合もあれば、店舗や支店の統廃合などもあるでしょう。自社の強みを圧倒的なものにする上で、不必要なものは思い切って捨てる（もしくは縮小する）という勇気が必要です。それがないと、新しい何かを始めることはできません。

　そのことを踏まえた上で、❸の新規事業などの取り組みを検討してください。

　また、大手だけでなく中小企業でもいまやM&Aが通常の選択肢となっています。自社が縮小または不必要と決定した事業でも、他社に必要な事業は多々あります。そのため、事業譲渡は自社、買主、顧客、取引先の"四方良し"となりやすいものです。逆に、自社の強化すべき事業や新規事業の立ち上げにおいて時間を買う意味でも、M&Aは有効的です。

　ただし、M&Aは相手もあることなので、事業計画に織り込むことはなかなか難しいものですが、戦略として組み込んでおくことは有効です。

　M&Aを実施する際の基本的なステップを図1-4-2に示します。

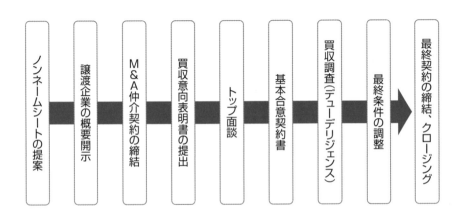

船井総合研究所における M&A の実施ステップ（1-4-2）

ノンネームシートの提案 → 譲渡企業の概要開示 → M&A仲介契約の締結 → 買収意向表明書の提出 → トップ面談 → 基本合意契約書 → 買収調査（デューデリジェンス） → 最終条件の調整 → 最終契約の締結、クロージング

# 事業継続の経営計画への反映

経営計画において検討すべき時流の 2 つ目、事業継続のための考え方について説明します。

## ◇ 事業継続計画（BCP）

BCP＊という言葉を聞いたことがあるでしょうか。日本語では事業継続計画といいます。日本の製造現場で重視されているものに「効率化」があります。在庫や待ち時間を徹底的に削減し、ムリ・ムダ・ムラを排除することです。しかし、グローバル供給網において原材料や部品の供給が途絶えた途端、生産の続行が不可能になるということが、簡単に起こる時代に突入しました。また、災害においても同じことが起こります。そこで今日では、一定の在庫確保や仕入れの多様化など、これまでムダとされてきたことの重要性が認識され、経営計画に取り入れられるようになっています。このようにいざというときにも事業が継続できるように計画しておくことを、BCPといいます。

いきなり「在庫を増やしましょう」といっても、そう簡単にはいきません。資金の問題、物流の確保など、解決すべき問題は多々あります。

そのため日ごろから、自社の事業にとって必須のものを洗い出し、あらゆる災害やトラブルを想定しておき、「代替えがどの程度きくのか」など検討しておくだけで

### BCP 検討のヒント（1-5-1）

**1** 目的・目標　何が重要なのか、何を優先させるのか

**2** 事業構造　自社の人・モノ・金・情報の流れを明確化

**3** 災害想定　**2**に対し様々な災害を想定し、被害やボトルネックを明確化

**4** 優先順位　リスクの発生頻度や重要性から優先順位を決定

**5** 計画策定　優先順位の高いものから、実現可能な計画へ落とし込み

＊ **BCP**　Business Continuity Plan の略。

も、いざというときに役立ちます。不安定・不確実な今日、経営計画にもこのような
BCPの発想を取り入れる企業が増えています。

## ◇ 事業承継

　経営において何よりも大切なのは「会社を潰さない」ことです。そのために経営者
が常に考えておくべきなのは、「次に誰をトップに据えるか」ということです。自分
の代で廃業ということもひとつの道ではあります。しかし、事業を行っていると従
業員とその家族、取引先、顧客など様々なところに影響を及ぼしていることは理解
できるでしょう。

　個人事業主として、経営を徐々に縮小して廃業するのであれば、影響は少ないで
しょう。しかし、従業員を雇っている限りは、必ず影響が出ます。

　そのため企業は、「継続する」ことを事業の根幹に据える必要があります。ただし、
経営計画に**事業承継**のことを反映させるのは、なかなか難しいものです。そのため、
これはトップの心の中の計画書という形になるかもしれません。

### ●次世代経営層の育成

　事業継続のためには次世代経営層の育成が欠かせません。ご子息への承継が決
まっているかどうかにかかわらず、次世代経営層をどのように育成していくかは大
きな問題です。

　できれば、次世代の経営層を計画的に育成していくための仕組みやステップを、
経営計画の中に盛り込みたいところです。

**事業承継の検討（1-5-2）**

次の経営者が確定している／次の経営者が確定していない／ご子息がいる／継ぐ人がいない／中継ぎ／次世代経営層の育成／従業員へ／他社へ（M&A）／廃業

# ⑥ DX、IT 活用による<br>事業革新と経営計画

経営計画において検討すべき時流の3つ目、DX、IT 活用と経営計画について説明します。

## ◆ 第四次産業革命

**第四次産業革命**という言葉を聞いたことがあるでしょうか。

これは、内閣府など国が明確に発信している内容であり、2010年からこれまでにない産業構造の大きな変化がある、というものです。

18世紀末の蒸気機関実用化からスタートする産業革命は有名ですね。その後、電力による第二次産業革命、コンピューターの出現による第三次産業革命を経て、現在は第四次産業革命が始まっている、としています。

この第四次の核となるのは**IoT**や**AI**です。IoTにより様々なものがつながり、ビッグデータとして情報が一元化され、利活用が進みます。さらには、AI（人工知能）により、これまで人が行っていた活動・判断の多くが、コンピューターやロボットに置き換わっていきます。まさしく、かつてのSFの世界が現実化し始めているのです。

こういった現状の中で、企業の経営にも、IoTやAIを利用して事業構造のあり方そのものを変えていくような、大きな変革が求められています。

## ◆ DX化は業務変革

例えば、飲食店の現在を見てみましょう。注文の受付はタッチパネルや個人所有のスマートフォンから行われ、顔認証ソフトにより性別・年齢などによる注文特性も把握・蓄積されていきます。フロアにおいてはロボットが配膳や掃除を行っています。さらに、経営に必要なデータはリアルタイムで経営者や店長に届きます。そして、過去データや天候によるAI売上予測の数字が思わしくないときは、すぐに名簿顧客にSMS販促が流され、それを見た人が来店します。これらは、いまや普通に見られる光景です。

　このように、ITやAI技術によってこれまでの業務がまったく違う形になり、劇的な効率化につながる姿を、**DX（デジタルトランスフォーメーション）** と呼んでいます。

　こういった変化に対応できる企業とそうでない企業の間には、今後、間違いなく大きな差が生まれるでしょう。どのような業種の企業でも、この第四次産業革命の流れは無視できません。

　DXとは本来、ITなどの技術を利用したただの業務改革にとどまらない、企業変革を指すものです。ITの力で企業をどのように変革するべきかを真剣に検討し、経営計画に取り入れ、実現に向けて取り組んでいかなければなりません。

　いまやこの流れを無視することはできないため、DXを自社の経営計画にどのように取り入れ、実行していくか、第9章で詳しく解説します。

---

### 第四次産業革命とは（1-6-1）

**【産業革命】……産業革命の流れ**

1780年～　第一次産業革命
動力を獲得（蒸気機関）

1870年～　第二次産業革命
動力革新（電力、モーター）

1970年～　第三次産業革命
自動化革新（コンピューター、ロボット）

2010年～　第四次産業革命
自律的最適化（人工知能、IoT）

# 7 ESGに代表される社会的要求の 経営改革への反映

経営計画において検討すべき時流の4つ目、ESGに代表される社会的要求の経営計画への落とし込みについて説明します。

## ◇ 社会的要求とESG

地球環境問題、貧困や格差・差別といった社会的問題など、現代社会は様々な問題を抱えています。そのような中で、株式上場企業を中心に社会的要求の実現に取り組んでいく発想が**ESG**です。

ESGとは、環境（Environment）、社会（Social）、ガバナンス（Governance）の頭文字をとったものです。この3つの社会的要求を達成できない企業、企業経営の主題として取り組まない企業は、投資家や金融機関から低い評価を受けるため、上場企業や大手企業の間では、経営計画への反映とその実践が必須となっています。

このESGは中小企業の経営者にはあまりなじみがないと思われるので、少しだけ解説しておきます。企業経営において持続的成長は欠かせないものですが、地球環境問題や社会的問題への対応をおろそかにしていては達成できません。例えば、「管理職の女性比率の向上」や「労働時間の短縮」などは社会的問題への対応に当たります。

またガバナンスは、日本語で企業統治とも訳されます。法律や社会的ルール、また企業独自のルールなどが全従業員に遵守される仕組みの確立、そしてその運用・監視が求められます。要は、誰もが正しいルールのもとで企業活動を行い、正しい収益を上げる状態を理想とします。

「会社の意思決定機関である取締役会に、社長のイエスマンばかりでなく、厳しいことを言えて正しい判断ができる社外取締役を一定数以上入れる」などが代表例です。逆に、不正を組織ぐるみで隠ぺいして業務を行うなどはもってのほかですね。

これらを経営計画に盛り込み、数値目標や行動目標を明確にし、企業を変革していくことが求められます。

## ◇ SDGs による企業改革

ESGとセットで語られるものに**SDGs**があります。SDGsとはSustainable（持続可能な）Development（開発）Goals（目標）の略です。

2015年の国連総会において全会一致で採択されたもので、2030年をひとつの区切りとしています。その思想は「誰ひとり取り残さない」というものであり、持続可能な社会づくりと企業（GDP）成長を両立させるだけでなく、先進国も途上国もそれぞれの立場で取り組んでいくことを求めます。その取り組み目標は、世界共通の課題として17個に集約されています。この17の目標に対して、企業であろうが官公庁組織であろうが、あらゆる組織は、独自の立場で独自に課題解決の目標を掲げて活動していく、という自主的活動に近いものです。

このSDGsは、企業のイメージアップに利用されている例も散見されます。しかしながらその本質は、17の世界共通目標に沿って設定した目標を、いかにして企業変革を伴いながら達成していくか、というものです。

ESGもSDGsも、自社の利益だけを優先させるのでなく、世界的課題を自社の問題として捉え、経営計画に組み込み、持続的成長社会の一員として企業変革を図っていくことにこそ、真の目的とポイントがあります。

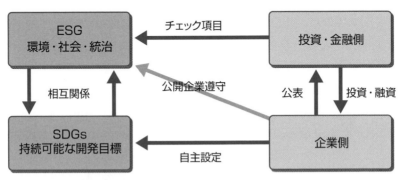

ESG と SDGs の関係とポイント（1-7-1）

●SDGsは企業側目線での目標設定

計画化し、企業変革に活かすことこそが真の目的

# 経営計画の範囲

経営計画といっても、その範囲は広域にわたります。ここでは、本書で取り扱う経営計画の範囲について説明します。

## ◇ 企業の方向性について

経営計画は、1年間のみの数値計画もあれば、企業の根幹の部分に関わる理念構築から入ることもあり、様々な領域にまで及びます。そこで、経営計画に関係する領域にはどのようなものがあるか、について知っておく必要があります。

図1-8-1に、企業の方向性を決定する構成要素とその関係性を示しました。特に長期的経営計画では、これらのほとんどを含む内容となります。

**❶トップや創業者の考え方・事業観・人生観**

「企業はトップで99%決まる」といわれるくらい、企業においては重要な位置を占めています。企業の方向性は、トップの考え方や人生観、事業観といったものに左右される場合がほとんどです。また、その企業が何代かにわたって続いている企業であれば、創業者の考え方も知っておく必要があります。

**❷企業理念**

企業にとって理念は、その企業そのものを規定するものであり、その会社の存在意義を示しています。企業理念が組織に浸透していれば、その企業の社員は一体化し、大きな力を発揮するものです。一方、そうでない場合は、社員それぞれが独自の価値判断で決定していくため、企業として弱くなりがちです。

**❸ビジョン**

企業理念が基本的に「その企業が存在する限り追い求めていくもの」であるのに対し、ビジョンは「近未来におけるその企業の目指すべき姿」を指します。例えば、株式公開や1000億円企業化など、より具体的なあるべき姿を示します。

**❹戦略**

　戦略とは、「現状とビジョン（向かう方向性）のギャップを埋めるために、どのような手を打つか」を示すものです。戦略を明確に示すことができていなければ、ビジョンはただの夢となってしまいます。

**❺目標**

　目標は、ビジョンを見据えてそこへ向かうための、1年後、3年後といったマイルストーンを指します。そのため、目標はビジョンよりも具体的なものとなります。

**❻目標達成のための具体的実施項目**

　目標を達成するために、具体的に何を実施するのか、どのように活動するのかを示したものです。この❺と❻を合わせたものが、一般的に年度計画といったものになります。

企業の方向性の構成要素（1-8-1）

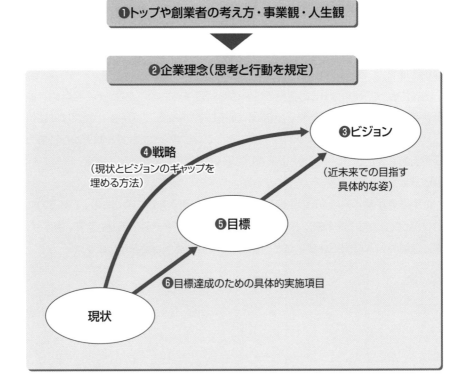

# 経営計画策定のポイント

経営計画の策定に必要な能力、そしてそれに関連する計画作成のポイントについて説明します。

## ◇ 計画策定に必要な3つの力

経営計画の策定にあたり、求められる重要な能力は次の3つです。

①現状認識力…現状を正確に認識する力

②長所発見力…会社の伸ばすべき長所を見極める力

③計画策定力…実現可能でしかも夢のある方向性を示す力

主にこの3つの能力が必要だと考えられます。

## ◇ 現状認識力

まず、経営計画の策定において最も重要な能力は、「**現状認識力**」です。その会社が置かれている現状、内外の環境をできるだけ正確に把握し、その情報を体系化する能力が必要です。この能力は次の3つからなります。

- 情報収集能力
- 情報加工能力
- 情報体系化能力

まず、限られた時間と人員を駆使して、徹底的に情報を集める情報収集能力が必要となってきます。集めた情報に不備があれば、のちの戦略構築において大きな間違いを犯すこともあります。そのため、情報収集の項目に関しては、抜けが極力ないように、ベテランが確実な指示を出すことが重要です。

次に情報加工能力ですが、これは「収集した情報を、誰が見てもひと目で分かるように加工する」能力です。グラフ化や比較、多角度分析などによる分析能力が必要となってきます。最後に情報体系化能力です。全ての情報は、何らかの形で関係し合っています。それらの関係度合い、そして、「結果として、どのような形に表れているのか」を体系化し、分かりやすく示す能力です。この3つの能力を合わせて現状認識力と呼びます。

## ◇ 長所発見力

　次に必要なものが、**長所発見力**です。これは、船井総合研究所が経営コンサルティングを実施する上で最も重要視する項目の１つであり、欠かせない能力でもあります。

　その企業のビジョンや戦略を考えていくには、中核に据えるものは何か、伸ばすべきポイントは何か、をつかんでいなければなりません。この長所発見能力を身につけるには訓練が必要です。企業の長所・特徴を常に見続けることが鍵となります。

## ◇ 計画策定力

　最後に必要な能力が**計画策定力**です。これは当然ですね。この能力がなければ経営計画はつくれません。

　トップをはじめ、すべての従業員が納得し、全員を一体化できる魅力ある計画を策定するには、それなりの考え方、そして、訓練も必要となってきます。

　この本では、これら３つの能力を活かし、計画作成のポイントを踏まえて、帳票をうまく利用しながら、どのように経営計画に落とし込んでいくかということに焦点を絞っています。

経営計画策定に必要な能力（1-9-1）

| 現状認識力 | 現状をもれなく体系化する力 |
| --- | --- |
| 長所発見力 | 企業の長所、伸ばすべきポイントを発見する力 |
| 計画策定力 | 全員が一体化できる計画をつくり上げる力 |

実現可能な魅力ある経営計画の構築へ

# 10 経営計画策定の全体像

最後に経営計画策定のステップについて簡単に説明します。

## ◇ 計画策定の全体像

　まず、次ページの図1-10-1を見てください。経営計画を策定する流れの大まかな全体像を示したものです。

- STEP1（S1）：理念・長期ビジョンなどの設定
- STEP2（S2）：現状分析（外部環境・内部環境・財務環境の把握）
- STEP3（S3）：基本戦略構築
- STEP4（S4）：基本経営計画立案
- STEP5（S5）：数値計画立案
- STEP6（S6）：単年度計画・最小単位（従業員など）への落とし込み

## ◇ 全体の流れ

　まず、経営計画の核となる部分が、STEP1の理念やビジョンです。これらは会社の中核であり、全ての行動はこれらをもとになされます。詳しくは第2章と第3章で説明します。

　次に、経営計画策定において重要な「現状分析」です。その会社が置かれている現状、内外の環境をできるだけ正確に把握し、体系立てます。それがSTEP2の過程になります。現状分析では、外部環境分析、内部環境分析、財務分析の3つを行います。第4～7章を見てください。

　STEP1で設定したビジョンを達成するために、STEP2で把握した現状とのギャップを戦略によって埋めなければなりません。これがSTEP3の基本戦略構築です。これは第8章と第9章で詳しく説明します。

　STEP3で立てた戦略に基づき、基本経営計画に落とし込んでいく作業がSTEP4で、事業計画面・ビジネスモデル面・マネジメント面に分かれます。これは第10章で説明します。

　そして、これらの計画を数値化するのがSTEP5の数値計画です。これは第11章で説明します。

　最後に、これを単年度や最小単位（個人やプロジェクトチーム）に落とし込み、社内を1つの方向に向かわせ、一体化させるのがSTEP6となり、これは第12章で述べます。

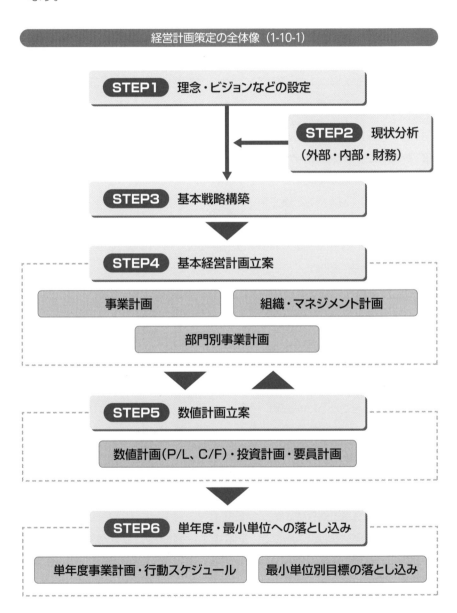

経営計画策定の全体像（1-10-1）

STEP1　理念・ビジョンなどの設定

STEP2　現状分析
（外部・内部・財務）

STEP3　基本戦略構築

STEP4　基本経営計画立案

事業計画　　　　　組織・マネジメント計画

部門別事業計画

STEP5　数値計画立案

数値計画（P/L、C/F）・投資計画・要員計画

STEP6　単年度・最小単位への落とし込み

単年度事業計画・行動スケジュール　　　最小単位別目標の落とし込み

# 第 ② 章

# 理念の策定

　企業経営において、全ての中核になるのが「企業理念」です。多くの企業で、企業理念が掲げられていますが、その実態は"お飾り"になっている場合が多々あります。

　経営計画を立案する際に、まずはじめにすべきことは、「自社は何のために存在し、どのような企業になっていきたいのか」という存在意義の明確化です。この問いの答えとなるのが、「企業理念」です。そのため、この章では「企業理念」にスポットを当て、改めて経営理念について考えていきましょう。

　なお、企業理念は一般に簡潔な表現のものが多く、従業員からすれば"分かるようで分からない"存在です。そこで、これをより落とし込んだ「行動指針」にすることもお勧めしています。

## 企業理念策定

理念の策定

この章からは、まず計画づくりのための各種シート（フォーム）を示した上で、各章のテーマの説明に入っていきます。この章では、企業理念およびそれを落とし込んだ行動指針を策定します。

◇ **企業理念浸透度チェックシート**

| 質問項目 | 評価 | コメント |
|---|---|---|
| 理念は明確か？ | ○・△・× | |
| 常に自ら理念について社員に語っているか？ | ○・△・× | |
| 幹部層は、部下に理念を語っているか？ | ○・△・× | |
| 理念を社員が常に携帯できる状態になっているか？（手帳、カードなど） | ○・△・× | |
| 経営判断時に常に理念との整合性を考える風土になっているか？ | ○・△・× | |
| 企業理念を分かりやすく落とし込んだ行動指針があるか？ | ○・△・× | |
| 従業員に企業理念をたずねて、ほとんどの社員が即答できるか？ | ○・△・× | |
| 従業員が自らの言葉で企業理念を語ることができるか？ | ○・△・× | |
| 従業員の日常思考や行動に企業理念の考え方が浸透しているか？ | ○・△・× | |
| 企業理念を研修する場を持っているか？ | ○・△・× | |
| 従業員の日常思考や行動に企業理念の考え方が浸透しているか？ | ○・△・× | |
| 企業理念を研修する場を持っているか？ | ○・△・× | |

理念浸透度診断

| 合計ポイント | |
|---|---|

○…2点、△…1点、×…0点

| 合計得点 | 評価 |
|---|---|
| 合計 18点以上 | 理念がしっかりと定着している素晴らしい状態です。 |
| 合計 10～17点 | 理念の浸透度をもう一度見直してみてください。 |
| 合計 10点未満 | 理念の再構築・浸透を真剣に検討すべきです。 |

| 理念浸透策の検討 |
|---|
| |

## ◆ 企業理念・行動指針策定シート

| 企業理念（創業からの土台的考え方） |
| --- |
| |

○お客様含む利害関係者により分かりやすく表現したい場合

| パーパス（当社の存在意義） |
| --- |
| |

○社員向けにより分かりやすく表現したい場合

| ミッション（我々従業員が成し遂げるもの） |
| --- |
| |

| 行動指針（思考／行動の原則的考え方） |
| --- |
| |

## 2 | 理念の策定

# 企業は何のために存在するのか

計画を立てるにあたり、まずは「自社は何のために存在するのか」を確認することが必要です。それが企業理念です。

## ◇ 企業理念とは

　企業にとって利益は大切です。しかしながら、企業は利益追求だけに追われるべきものではありません。経営計画を立案するこの機会に、「自社は何のために存在するのか?」、「自社が大切にしている考え方は何なのか?」という本質についてぜひ考えてください。ただし、企業理念は分かりにくいところもあります。そこで最近では欧米を中心に、企業理念のあり方を「**パーパス**」や「**ミッション**」という形で分解して表現する流れも出てきています(次表)。

| 名　称 | 要　素 | 主要発信対象 |
|--------|--------|--------------|
| パーパス | 企業の存在意義を分かりやすく表現 | 顧客を含む利害関係者向け |
| ミッション | 自分たちが成し遂げるべきことを表現 | 社内・従業員向け |

　もともと、企業理念はこれらを包括したものとして位置づけられていますが、発信対象者をより明確にした上で分かりやすく分解することも、ひとつの方法です。

　いずれにしても、企業理念が企業の中核としてしっかり根づいている会社でなければ、今後の生き残りは難しいと思われます。根底にトップや創業者の考え方があり、それを第三者に分かりやすく表現したものが企業理念です。

　商品やサービス、あるいはその企業の活動に従事している人の背景に見え隠れする根底的な考え方を、顧客は見抜いています。いま、まさに企業のあり方が突き付けられているといっても過言ではありません。

## ◇ 氷山理論

　企業理念は会社の中核をなすといいましたが、その理由を述べておきます。図2-2-1を見てください。これは**氷山理論**といわれるものの概念図です。

　氷山は、全体の10%しか見えず、90%は海の中に沈んで見えません。それと同様に、企業も表面に見える商品やサービス、あるいは営業社員、オフィスや店舗と

いったものの裏には、それを支える仕組みやコンセプト、そして根底には企業の理念といった考え方が潜んでいます。しかしそれらは、通常は目に見えないものです。この目に見えない部分の結実したものだけが、表に出ているわけです。

　かつては、顧客は無意識にその背景を感じていましたが、今日では、この背景（目に見えない部分）を意識しようとしています。その端的な例が「食品偽装問題」です。「この企業は本当に大丈夫なのだろうか？」と、消費者は真剣に見るようになりました。そして、企業の考え方に共感してはじめて、商品やサービスを評価してくれる——という順番に変わりつつあります。そのために本書でも、経営計画を立てる手順の最初に、理念の再認識（再構築）を持ってきました。この部分を確認した上で、経営計画を立案していかなければなりません。

　皆様も、経営計画を立てる際にはまず自社の理念を再確認し、必要に応じて再構築してください。

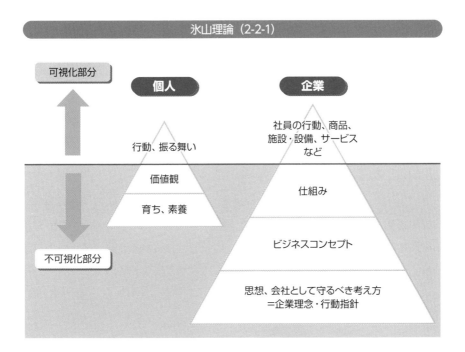

氷山理論（2-2-1）

**3** 理念の策定

# 企業目的の3要素とESG思考

ここでは、企業理念を考える上でヒントとなる要素を取り上げます。

## ◇ 収益性・教育性・社会性の追求

　企業理念を考える上で常に立ち返るべきなのは、企業の存在理由であり、企業が追求する目的です。船井総合研究所では、この企業目的は「収益性」「社会性」「教育性」の3つにあると考えています。

> - 収益性…企業は収益を上げなければ、従業員も顧客・関係者も幸せにできない
> - 教育性…「企業は人なり」といわれるとおり、企業は人を育成する場でもある
> - 社会性…企業はそれぞれの立場で社会にとって必要不可欠な存在を目指す

　この3要素は、それぞれの企業の立ち位置や状況によって優先順位が変わるものの、どれが欠けてもいけません。

　例えば、創業当初や企業が何らかの危機に陥っているときは、収益性を最優先課題として追求しなければなりません。でなければ、大切な従業員とその家族すら守れなくなります。だからといって、他人や他社を犠牲にしたり、世の中のルールを逸脱していいというものではありません。

　また、上場企業の場合は公器としての振る舞いが強く求められます。そのため、一般企業以上に社会性の追求が期待されます。さらに、企業は社会にとって必要不可欠な人材をつくり出していく場でもあります。一流企業になるほど、「さすがは○○会社の社員さんですね」と言われるような言動をすることも求められます。

## ◇ 企業理念における ESG 思考

第１章で、経営計画において検討すべき時流の１つとして、ESG的発想に触れました。その中で、ESGはどちらかというと投資家や金融機関からの外圧的要素が強いといったことを述べています。しかしながら、ESGが企業への社会的要求であることを、我々は改めて認識する必要があります。

ESG（環境・社会・ガバナンス）は、企業目的の３要素のうちの社会性をより細かくしたもの、と捉えるのがよいでしょう（図2-3-1）。

企業理念はころころ変わるものではありません。しかし、経営層が代替わりするときや、企業が大きく飛躍していくときなどの節目の時期は、企業理念の再構築・再認識のチャンスです。原点を忘れてはなりませんが、その時々に合わせた観点や表現を取り入れることも重要です。

**企業目的の３要素とESGの関係（2-3-1）**

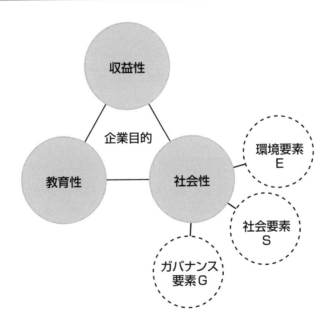

理念の策定

# トップと理念の関係

企業の戦略思考は、基本的に歴代の社長、特に創業者に由来しています。そのため、この節では「企業のトップを知る」ということにフォーカスします。経営計画の立案者は、まずトップの思いや思考を知り、理念の確認を行う必要があります。

## ◇ 企業のトップを知る

「企業は**トップ**で99%決まる」といわれるほど、組織におけるトップの重要性は大きいものです。トップはいわば "決断業" であり、会社の方向性についての責任を負い、舵とりをする立場ですので、トップの考え方が企業の方向性に強く反映されます。また、企業風土や組織風土といった、目には見えないけれどもその企業の従業員の発想や行動に大きく影響を及ぼすものをつくっているのもトップです。

そのため、企業のトップさえ理解できれば、その企業の概要を理解できるくらいの情報を得られます。また、人は過去の成功パターンや戦略モデルに縛られやすく、同じような判断を下す傾向が見られます。

経営計画立案や現状分析においては、まずトップインタビューを含めた調査をお勧めします。また、社長自身が計画づくりをする場合は、自分自身を見つめ直すことが有効です。いずれの場合も、次に挙げる視点を洗い出すのがよいでしょう。

## ◇ トップの考え方を知るキーワード

トップを知るには、いくつかの視点があります。主なものは次のとおりです。

- **人生観**…人としての生き方や人生に関する考え方、哲学
- **仕事観**…その企業が携わっている業種・仕事に対する考え方、思い入れ
- **使命観**…企業の存在意義や社会への貢献についての考え方
- **企業観**…経営哲学、経営に対する考え方
- **企業理念への思い**…企業理念に込められている思い
- **創業時の思い**…企業創業時の思い（創業者でない場合は、聞いている話）
- **経営上のエピソード**…経営に携わっている中で、企業の重要なターニングポイントになった出来事や思い出
- **会社名の由来**…創業時の思いが込められている場合が多々ある

　企業業績の好不調の大半は、トップの責任です。そのため、トップの志向や思考パターンをつかむことができれば、今後、そのトップが会社の舵とりをし続ける場合にどのような判断を下していくか、ということもある程度予想できます。

　筆者は経営コンサルタントという立場で、これまで様々な企業の経営に関与してきましたが、多くの場合、経営者の考え方に反すること、納得できないことを提言してもうまくいきません。そこで、経営計画の立案のお手伝いをするときは、必ず、先に挙げたような視点で確認します。そして、トップの考え方を知った上で提案していくことになります。

　このように、経営計画の立案にあたっては、まず「トップを知る」、「トップの考え方を知る」というアプローチをすることが重要です。

## トップと理念の関係（2-4-1）

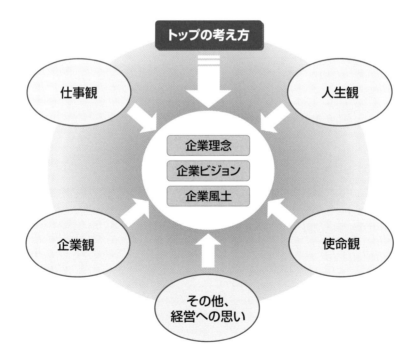

第2章　理念の策定

# 5 企業理念の再構築

企業理念が明確になっていない場合、あるいはもう一度見直したい場合は、図 2-5-1 のシートを用いると、考えの整理がつきます。

## 企業理念再構築シート（2-5-1）

| 項目 | ポイント |
|---|---|
| 人生観・人生哲学 | |
| 仕事観 | |
| 使命観 | |
| 企業観 | |
| 創業時の思い | |
| 転機となる経営上の出来事 | |

## 企業理念

|  |
|---|
|  |

## ◇ 理念をより分かりやすく伝える

　企業理念は、企業のあり方や従業員に対するトップの思いを明確化したものです。そのため概念的なものになりがちで、実際に働いている従業員や顧客などにはなかなか伝わりにくい傾向もあります。そこで、2-2節で紹介した「パーパス」や「ミッション」という形で理念を表現するところも出てきています。

　次に示すのは、Googleの有名なミッションです。

　"Google's mission is to organize the world's information and make it universally accessible and useful."（和訳：Googleの使命は、世界中の情報を整理し、世界中の人々がアクセスでき、使えるようにすることです）

　このように、理念を伝えたい対象に応じて表現を変えていく、というのも1つの方法なので、参考にしてください。

---

### 企業理念ブレイクダウンシート（2-5-2）

**企業理念（創業からの土台的考え方）**

○お客様含む利害関係者により分かりやすく表現したい場合

**パーパス（当社の存在意義）**

○社員向けにより分かりやすく表現したい場合

**ミッション（我々従業員が成し遂げるもの）**

6 理念の策定

# 企業理念の現場浸透度

理念が構築されていても、現場に浸透していなければ意味がありません。そこで次に、現場への定着度合いをチェックしてみましょう。

## ◇ 企業理念の現場浸透度

　企業理念は、つくるだけでは意味がありません。現場の従業員に浸透し、それぞれの立場で判断・行動するときの基本的な考え方に反映されるまでになって、はじめて効果を得ます。

　図2-6-1は、筆者らがコンサルティング現場において企業の理念浸透度を見る場合にチェックする項目を、チェックシートの形で分かりやすくしたものです。このチェックシートは簡単な10個の質問から成り立っており、次の基準で○・△・×のいずれかを記入します。

- 高いレベルでできていると思う項目…「○」
- 完全ではないができていると思う項目…「△」
- できていない、もしくはできていない場合が目立つと思う項目…「×」

　このチェックシートは、企業への理念浸透のための施策とも連動しています。例えば、「企業理念などを記載したカード形式のものを作成し、従業員が常に携帯できるようにする」、「社員教育のカリキュラムの中に、企業理念の研修を盛り込む」など、△もしくは×となっている項目は何らかの工夫をする余地があると思ってください。

　チェックシートを埋めた上で、もう一度、自社の現場への理念浸透度を考え、まだまだと思う場合は、理念浸透策を再検討してください。

　理念の浸透は、一朝一夕にできるものではありません。長期的視野に立ち、浸透策を継続することが重要です。即効性はありませんが、続けることによって除々にその企業の足腰が鍛えられ、強くなっていきます。

　皆様の会社でも、中長期の企業経営を考える際にはぜひとも、理念の浸透度合いを改めてチェックし、経営計画に反映させてください。

## 企業理念浸透度チェックシート（2-6-1）

| 質問項目 | 評価 | コメント |
|---|---|---|
| 理念は明確か？ | ○・△・× | |
| 常に自ら理念について社員に語っているか？ | ○・△・× | |
| 幹部層は、部下に理念を語っているか？ | ○・△・× | |
| 理念を社員が常に携帯できる状態になっているか？（手帳、カードなど） | ○・△・× | |
| 経営判断時に常に理念との整合性を考える風土になっているか？ | ○・△・× | |
| 企業理念を分かりやすく落とし込んだ行動指針があるか？ | ○・△・× | |
| 従業員に企業理念をたずねて、ほとんどの社員が即答できるか？ | ○・△・× | |
| 従業員が自らの言葉で企業理念を語ることができるか？ | ○・△・× | |
| 従業員の日常思考や行動に企業理念の考え方が浸透しているか？ | ○・△・× | |
| 企業理念を研修する場を持っているか？ | ○・△・× | |

理念浸透度診断

| 合計ポイント | |
|---|---|

○…2点、△…1点、×…0点

| 合計得点 | 評価 |
|---|---|
| 合計　18点以上 | 理念がしっかりと定着している素晴らしい状態です。 |
| 合計　10〜17点 | 理念の浸透度をもう一度見直してみてください。 |
| 合計　10点未満 | 理念の再構築・浸透を真剣に検討すべきです。 |

| 理念浸透策の検討 |
|---|
| |

# 従業員に向けた価値観共有策

企業理念を有効に機能させるためには、従業員への落とし込みが欠かせません。ここでは
その手法について説明します。

## ◇ 従業員へ伝える工夫

　企業理念はその特性として、普遍的・永続的なものであり、表現はシンプルでありながら、深い意味のあるものです。

　この特性のため、そのまま従業員に示しても、主旨を理解してもらうのが難しい場合や、逆にあまりにもシンプルで、その背景にあるものをくみ取ってもらえない場合があります。そこで、現場の従業員が企業理念を日々の行動に活かせるよう、分かりやすく落とし込んだ「**行動指針**」を用意する手法があります。この行動指針は、その企業が行っている現在の業務や時流の変化に合わせながら、理念を落とし込むものであり、通常は定期的に見直しをします。

　船井総合研究所でも「クレド」という名称の行動指針をつくりました（現在は「Funai Way」という名称に改め、内容も大幅に見直しています）。

## ◇ 行動指針を構築する

　行動指針を構築する一般的な手順は次のとおりです。

---

❶ 社内でプロジェクトチームを編成する。プロジェクトチームのメンバーは、極力、各階層・年齢を混ぜ合わせ、5、6名程度としたい。

❷ プロジェクトチームがトップに、理念に対する思いや考え方をヒアリング。

❸ ❷の内容をもとに、メンバーが現場の業務を考慮して項目の案出しを行う。

❹ 出された案を項目にまとめながら、行動指針として採用するべきかどうかの取捨選択を行う。

❺ 取捨選択により残った項目の表現を考える。できるだけ従業員に分かりやすい形としつつ、シンプルな表現にまとめる。

❻ 各項目の推敲(すいこう)を終えたものを文書の形にまとめ、トップに確認してもらう。

---

❼ 最終チェックを終え、行動指針として完成させる。

（行動指針の項目数には特に制限はないが、10項目程度のことが多い）

❽ できれば、従業員が常に携帯できるように、理念とセットにしてカード形式で従業員に配布し、発表する。その際に、行動指針の内容や意味、利用方法などを伝える。

この手順を参考にして行動指針をつくってください。

## 行動指針作成のポイント（2-7-1）

**1** 行動指針策定プロジェクトチーム編成

**2** トップ層ヒアリングの実施

**3** 行動指針項目の案出しの実施

**4** 行動指針の項目分け、整理の実施

**5** 行動指針の各項目の作成

**6** 仮完成の行動指針のトップによるチェックとその反映

**7** 行動指針の完成

**8** 従業員への発表

## 2-7　従業員に向けた価値観共有策

　図2-7-2は行動指針策定シート、図2-7-3は船井総合研究所で実際に使用している行動指針（旧版と現行版）の骨子です。参考にしてください。

### 行動指針策定シート（2-7-2）

○行動指針策定シート

| 企業理念（創業からの土台的考え方） |
| --- |
| |

| 行動指針（思考／行動の原則的考え方） |
| --- |
| |

## 船井総合研究所における行動指針の変遷 (2-7-3)

船井総合研究所(持株会社：船井総研ホールディングス)では、グループ会社の増加、コンサルティング企業以外の増加、従業員の多様性などもあり、行動指針の内容も大きく変更しています。ここでは、新旧両バージョンの骨子のみを示します。

---

### 船井総合研究所クレド(旧版)

船井流の実践者として、以下の項目を必ず守ります。

| | |
|---|---|
| (1) 力相応一番主義 | (7) 親身法 |
| (2) 勉強好き | (8) 前始末と後始末 |
| (3) 素直 | (9) 現場主義 |
| (4) プラス発想 | (10) 約束は守る |
| (5) 過去オール善 | (11) 儲け癖と節約癖 |
| (6) 即時処理 | (12) 天職発想 |

---

船井総合研究所クレドに代わるもの(現行版)

COLUMN 現場最優先が業績を向上させる

　組織を活性化し、業績を向上させるために、船井総合研究所では**現場主義**を重要視します。

　現場とは、顧客や商品と常に接点を持っている最前線のことです。現場には、「顧客の意見・情報」「競合の情報」「新しい商売の種」「既存の強みと課題」などの全てが集約されています。現場が有機的に機能しない限り、いくら素晴らしい戦略があっても、業績は向上しません。現場が本気で商売に取り組んだときにはじめて、その企業の業績は上昇に向かいます。

　また、企業の変革の動きも、現場から起こってくることが実に多いものです。そのため、ある大手メーカーなどは、毎週1回、現場や顧客からの意見のみを集めて、役員が会議を開いている会社もあります。ここから、新しい商品やサービスの方向性が定まっていきます。ただし、こういった取り組みも、提案制度という名前だけが先行し、うまく機能していない会社を多く見かけます。それも結局は、現場にその重要性が伝わっていないことに原因があるのです。

　小規模零細企業の場合、トップと現場がほぼイコールなので問題ありません。トップの意向や決定がダイレクトに現場に伝わります。このような企業では、船井総合研究所のコンサルティングも、現場を基点にしながらトップと打ち合わせを繰り返し、企業の活性化を進めていきます。しかし、中・大規模企業になると別です。規模がある程度大きくなると、本部と現場といったように組織が分化していきます。本部スタッフ部門が戦略を構築し、現場に落とし込んでいくのですが、業績の思わしくない企業では、この現場と本部のかい離が一番大きな問題となっています。多くの企業では、戦略そのものに問題がある場合よりも、戦略が現場に伝わらない、実行されないことによる不調の方が多いのです。

第 ③ 章

# ビジョンの策定

　第2章で扱った「企業理念」は、基本的に企業が存在する限り追い求める崇高なものです。そのため、そこへ至る道の一里塚として、より具体性を持たせた目標を据える必要があります。人間は、より分かりやすい目標があった方が、力をそこへ集中させやすくなります。そのために、「ビジョン」が必要となります。経営計画では、この「ビジョン」を達成するための事業体のあり方、現状とビジョンのギャップを埋めるための戦略を構築し、それを落とし込んでいくこととなります。

　この、経営計画の目標となる「ビジョン」について考えていただくことが、この章の目的です。

# ビジョン策定

この章では、企業理念を具体化したビジョンを策定します。

## ◇ 各種ビジョン構築シート

　ビジョンは、まず数的側面、組織的側面、事業的側面（既存事業、新規事業）など
に分類してどのような姿を目指すかを考える方が整理しやすくなります。

### ビジョン構築シート（3-1-1）

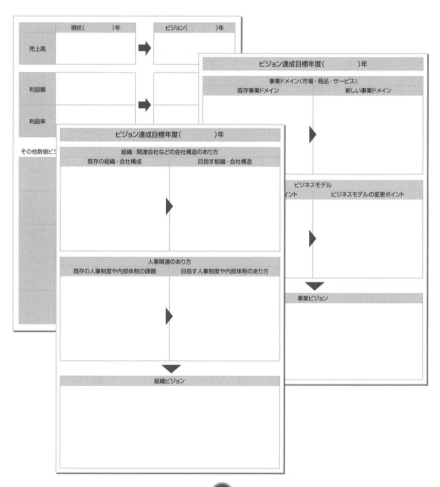

## ◇ ビジョン構築シート（各ビジョンの集約）

　先の数的側面、組織的側面、事業的側面で検討したものを最終的に集約し、全体のビジョンとしての整合性をとり、再構築します。

集約したビジョン構築シート（3-1-2）

| ビジョン達成目標年度（　　　　　）年 |
|---|
| **事業ビジョン** |
|  |
| **組織ビジョン** |
|  |
| **数値ビジョン** |
|  |

# ビジョンとは

ビジョンとは、企業理念をもとに、企業が近未来に目指すべきより具体的な像を明確にするものです。ここでは、このビジョンについて説明します。

## ◇ ビジョンは中長期スパン

第2章で述べた「企業理念」は、企業の存在意義にも関わる部分であり、基本的には、企業が存在する限り追い求めるものです。しかしあまりにも壮大であり、理念のみで経営するのは、ゴールのないマラソンを走っているのと同じです。そのために、いま自分たちはどこを走っているのか、何を目指しているのか、を忘れてしまうこともあります。そこで、もう少し具体的な、目の前の目標が必要となってきます。

つまり、企業理念を5年、10年という中長期スパンで、より具体的に自社が目指すものに落とし込んで、自分たちが進もうとしている方向を従業員に明示します。これを「ビジョン」と呼びます。

### 理念とビジョンの関係図 (3-2-1)

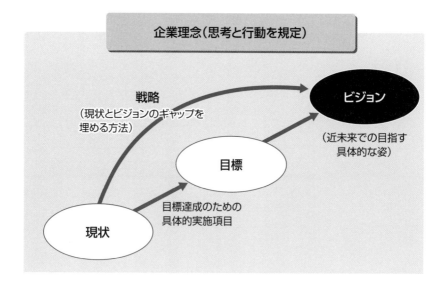

図3-2-1は第1章でも示したものです。人間は、崇高なものも必要ですが、目の前の分かりやすい目標（ビジョン）も必要です。また、このビジョンには夢が必要です。従業員がワクワクするような内容でなければなりません。

ビジョンには、例えば次のようなものがあります。

- 5年後、株式上場を果たす
- 10年後、100億円企業になる
- 10年後、業界シェアNo.1企業となる
- ホールディングス傘下の企業群を形成し、多くの社長をつくり出す

このように、従業員にとっても、より具体的で分かりやすいものの方がよいでしょう。

ただし、ビジョンがあまりにも現状とかけ離れているのも問題です。経営計画はビジョンに基いて構築していきます。そのためビジョンは、現状とのギャップを埋める戦略の構築から具体的な目標設定まで、全てに影響を及ぼすので、その設定は容易ではありません。そこで、ビジョンを構築する際は、事業のあるべき方向を示す「事業ビジョン」、組織体や従業員のあり方を示す「組織ビジョン」、達成すべき量的目標を示す「数値ビジョン」の3つに分けて考えることをお勧めします。

**ビジョン構築のヒント（3-2-2）**

**1** ビジョンは、企業理念から外れるものであってはならない

**2** 5年後、10年後といった近未来における自社の目指すべき姿を示す

**3** 従業員がワクワクするものであるべき

**4** 事業ビジョン、組織ビジョン、数値ビジョンに分けて考える

**5** 経営計画の骨格となってくる部分であり、戦略・目標構築のもととなる

# ③ 事業ビジョンの構築

ここでは、事業のあり方に関わる部分、「事業ビジョン」の構築について説明します。

## ◇ 事業ビジョンとは

**事業ビジョン**とは「事業の将来的なあり方」を示すものです。この事業のあり方には、次のようなものが含まれます (図3-3-1)。

- **事業領域 (ドメイン)** …自社が将来進出する市場や商品・サービス (図の⑧©⑩)
- **ビジネスモデル** ………現在の市場・商品・サービスの中でのあり方 (図の④)

企業が将来、どのような事業体になっているかは、ビジョンの中核となる部分といえるでしょう。

### 商品×市場マトリックス (3-3-1)

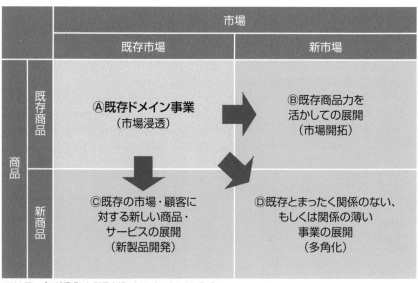

※H.I.アンゾフが提唱した製品市場マトリックスをもとに作成

## 事業ビジョン構築シート（3-3-2）

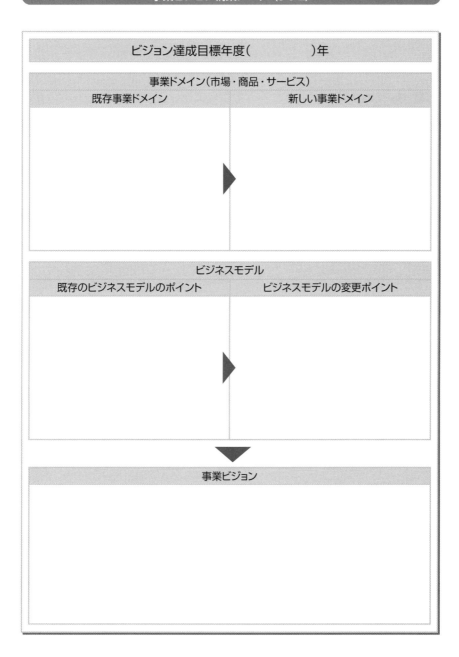

### ビジョン達成目標年度（　　　　）年

#### 事業ドメイン（市場・商品・サービス）

| 既存事業ドメイン | 新しい事業ドメイン |
| --- | --- |
| | |

#### ビジネスモデル

| 既存のビジネスモデルのポイント | ビジネスモデルの変更ポイント |
| --- | --- |
| | |

#### 事業ビジョン

第3章 ビジョンの策定

# ④ 組織ビジョンの構築

ここでは、組織のあり方に関わる部分、「組織ビジョン」の構築について説明します。

## ◇ 組織ビジョンとは

**組織ビジョン**とは、マネジメント領域に関わる部分であり、「どのような組織になりたいか」、「従業員にどのような会社環境で働いてもらいたいか」などの将来構想を示すものです。

「戦略は組織に従う」という言葉があるくらい、組織のあり方は重要です。また、近年は「従業員満足度（ES＊）」が注目を集め、「従業員のやる気や能力をいかに引き出すか」が企業の業績を左右するようになってきています。

この組織ビジョンは、「組織」「関連会社」といった会社全体の構造に関わる部分、および「人事」「マネジメント」といった内部体制に関わる部分に分けて考えると分かりやすいでしょう。組織ビジョンの一例を次に示します。

---

● 組織・関連会社に関わる項目
- 株式公開に向けた関連会社の統廃合
- リーダークラスの育成のための権限・責任のダウンサイジング実施、フラットな組織体制の構築
- ホールディングス傘下の企業群の形成により社長を多数つくり出す
- のれん分け制度、社員独立制度の構築

● 人事・マネジメントに関わる項目
- 情報、ノウハウを共有化できる情報体制の構築
- 店長クラスの人員の倍増・養成
- 株式公開企業クラスの内部体制とリスク管理体制の構築
- 生産性および従業員平均給与の30％向上
- 従業員満足度が高く、いきいき働ける環境づくり
- 女性リーダーが多数生まれる組織づくり

---

＊ **ES** Employee Satisfaction の略。

## 組織ビジョン構築シート（3-4-1）

| ビジョン達成目標年度（　　　　）年 | |
|---|---|

### 組織・関連会社などの会社構造のあり方

| 既存の組織・会社構成 | 目指す組織・会社構造 |
|---|---|
| | |

### 人事関連のあり方

| 既存の人事制度や内部体制の課題 | 目指す人事制度や内部体制のあり方 |
|---|---|
| | |

### 組織ビジョン

| |
|---|
| |

# 5 数値（定量的）ビジョン構築

ビジョン構築の最後は、量的目標を示す「数値ビジョン」です。

## ◇ 数値（定量的）ビジョンとは

　**数値ビジョン**は、最も分かりやすいビジョン設定項目であり、多くの会社がビジョンとして掲げている項目でもあります。例えば、売上高30億円／経常利益２億円の会社が、10年後に売上高100億円／経常利益10億円を目指すという設定は、誰もが分かる項目です。ただしこの数字は、企業理念を追求し、事業・組織ビジョンを目指した結果として、どのような経営規模や数値になるかを意味するものであるべきです。「まず数字ありき」の経営計画は、悪いとはいえないものの、単なる利益追求会社に陥る恐れもあるので要注意です。

　数値ビジョンでよく挙げられる項目は下記のとおりです。収益性・成長性に関わる項目はたいてい挙げられますが、それ以外の項目は、会社によって変わってきます。

---

●収益性・成長性に関わる項目
- 売上高、店舗数や拠点数、販売台数
- 利益額、利益率
- 総資本経常利益率
- 株価や配当目標　　　　　　　　　　…etc.

●生産性に関わる項目
- 生産性目標
- 平均人件費額
- 従業員数　　　　　　　　　　　　　…etc.

●安全性に関わる項目
- 有利子負債額
- 流動比率
- 自己資本比率　　　　　　　　　　　…etc.

---

図3-5-1は数値ビジョン構築シートです。「その他数値ビジョン」の項目は、自社で重要視しているものを記入してください。

数値ビジョン構築シート（3-5-1）

| | 現状（　　　）年 | | ビジョン（　　　）年 |
|---|---|---|---|
| 売上高 | | → | |
| 利益額 | | → | |
| 利益率 | | | |

その他数値ビジョン

| | | | |
|---|---|---|---|
| | | → | |
| | | | |
| | | | |
| | | | |
| | | | |

# ビジョンの集約

ここでは、3つのビジョンを集約し、ビジョンを完成させます。

## ◇ ビジョンの集約

　最終的に、「事業ビジョン」「組織ビジョン」「数値ビジョン」の各項目を集約してください。

　3つのビジョンを集約して最終的に自社のビジョンを完成させる際に、改めて考えてほしい項目や注意してほしい項目を図3-6-1に示します。ビジョンを構築し終わったと思った時点で、改めてこれらの項目を見直してみてください。

| ビジョンをチェックする（3-6-1） | |
|---|---|

| チェック項目 | 評価 |
|---|---|
| ① 全体の整合性はとれているか？ | |
| ② 理念との整合性はとれているか？ | |
| ③ 自社が掲げるビジョンとしてふさわしい内容か？ | |
| ④ 従業員に分かりやすい表現になっているか？ | |
| ⑤ 経営者自身も従業員もワクワクするような内容になっているか？ | |
| ⑥ 頑張れば実現できるイメージがついているか？ | |

## ビジョン構築シート（3-6-2）

### ビジョン達成目標年度（　　　　　）年

#### 事業ビジョン

#### 組織ビジョン

#### 数値ビジョン

memo

# 第 ④ 章

# 外部環境調査

　企業の存在意義である「企業理念」、そして中期的目標である「ビジョン」が明確になった時点で、次に実施してもらうのは現状認識です。何事も、目的地が明確であっても現在地の正確な情報がなければ、「第一歩をどのように踏み出すか」を示すことができません。そこでこの章からは、現状認識を的確に行う方法について説明します。

　現状認識の中でも、この章では「外部環境」を明確化することを目的としています。自社を取り巻く環境には様々なものがあります。まず大きな経済の流れがあり、自社の本業である業界の時流、直接対峙している競合の動向、顧客のニーズの変化……など。こういった外部環境を的確に捉えることは、経営計画の立案においても大きなキーポイントとなります。

# 外部環境調査

この章では、外部環境を捉え、まとめる方法について説明します。

## ◇ 各種外部環境調査シート

外部環境における各種調査シートとなります。外部環境もまずは数字部分をできるだけしっかり押さえることからはじめることをおすすめします。

### 外部環境調査シート（4-1-1）

| | | 5年前年 | 3年前年 | 2年前年 | 前年年 | 本年度年 | 3年後予想年 | 5年後予想年 |
|---|---|---|---|---|---|---|---|---|
| 市場規模 | 市場規模 | | | | | | | |
| | 伸び率 | | | | | | | |
| | 自社売上 | | | | | | | |
| | 自社シェア | | | | | | | |
| | 参入企業 | | | | | | | |
| 経済環境 | 経済成長 | | | | | | | |
| | 消費者物価 | | | | | | | |
| | 原材料価 | | | | | | | |
| | その他経済<br>・エンドコ 動向<br>・金融動向<br>・企業設備 | | | | | | | |
| | 景気先行き感の | | | | | | | |

**競合動向**

| | | 5年前年 | 4年... |
|---|---|---|---|
| | 社名（　　　） | | |
| | 売上高 | | |
| | 伸び率 | | |
| | 利益額 | | |
| | 伸び率 | | |
| | 強み・ビジネスモデルの特徴 | | |
| | 戦略と最近の動き | | |
| | 商品力 | | |
| | 価格力 | | |
| | 展開力 | | |
| | 営業力 | | |
| | 社名（　　　） | | |
| | 売上高 | | |
| | 伸び率 | | |
| | 利益額 | | |
| | 伸び率 | | |
| | 強み・ビジネスモデルの特徴 | | |
| | 戦略と最近の動き | | |
| | 商品力 | | |
| | 価格力 | | |
| | 展開力 | | |
| | 営業力 | | |

| | | 5年前年 | 4年前年 | 3年前年 | 2年前年 | 前年年 | 本年度年 | 来年度予想年 |
|---|---|---|---|---|---|---|---|---|
| 業界トップ層の動き | 社名（　　　） | | | | | | | |
| | 売上高 | | | | | | | |
| | 伸び率 | | | | | | | |
| | 利益額 | | | | | | | |
| | 伸び率 | | | | | | | |
| | 強み・ビジネスモデルの特徴 | | | | | | | |
| | 戦略と最近の動き | | | | | | | |
| | 社名（　　　） | | | | | | | |
| | 売上高 | | | | | | | |
| | 伸び率 | | | | | | | |
| | 利益額 | | | | | | | |
| | 強み・ビジネスモデルの特徴 | | | | | | | |
| | 戦略と最近の動き | | | | | | | |

| | | 5年前年 | 3年前年 | 2年前年 | 前年年 | 本年度年 | 3年後予想年 | 5年後予想年 |
|---|---|---|---|---|---|---|---|---|
| 購買対象顧客 | 対象顧客数推移 | | | | | | | |
| | 伸び率 | | | | | | | |
| | 販売チャネルに関する動向・ニーズ | | | | | | | |
| | エンドユーザーに関する動向・ニーズ | | | | | | | |
| 業界の動き | 法改正などの行政に関する動向 | | | | | | | |
| | 業界トピックス（新しい動き） | | | | | | | |
| | 原材料など仕入れに関する動向 | | | | | | | |
| | 業界に影響を及ぼす技術開発の動向 | | | | | | | |
| ライフサイクル | 参入企業数推移 | | | | | | | |
| | 業界急成長企業の特徴 | | | | | | | |
| | 業界ライフサイクルの段階とポイント | | | | | | | |

## ◇ 外部環境調査まとめシート

　外部環境において、機会＝自社に追い風となり、活かすべき環境変化の集約、脅威＝自社に逆風やリスクとなる環境変化の集約を行います。時流に適応することは経営において最も大切な項目の一つです。

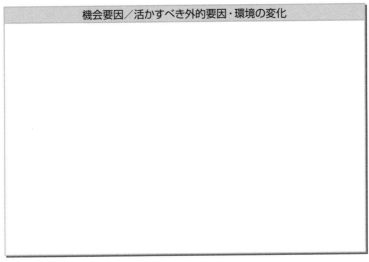

外部環境調査まとめシート（4-1-2）

機会要因／活かすべき外的要因・環境の変化

脅威要因／リスクになりえる外的要因・環境の変化

# 外部環境調査の目的

まず、外部環境調査の目的を把握してください。

## ◇ 時流適応戦略

　船井総合研究所のコンサルティングノウハウの中で、特に重要な戦略の1つとして位置づけられているものに、**"時流適応戦略"**があります。ここでいう時流とは、企業の外部環境の変化です。多くの企業が、この外的要因に対応できずに衰退していきます。逆に、時流を見極めて適切に対応すれば、大きく成長することも可能です。時流（外部環境の変化）を見極めて対応することは、それほどまでに重要な戦略なのです。

　そのため、経営計画の策定にあたっては、当然ながら外部環境の変化を見極めなければなりません。将来を見据えていく段階で、現在参入中の市場がどのように動いていくのか、競合企業はどのようになるのか、といった外部環境の変化は、企業の将来計画に大きな影響を及ぼし、どのような企業もその影響から逃れることはできません。特に、業界で高いシェアを獲得している企業ほど、外部環境の影響を直接的に受けやすくなります。

　そして、新規領域への参入であればなおさらです。その業界の環境を認識しないまま参入することは、航海図のないまま大海原へ出ていくようなものです。

　経営計画の策定においては、外部環境の諸要素とその影響を明確化する必要があります。それが明確になれば、対応方法もおのずと見えてくるものです。

## ◇ 外部環境調査における重点項目

　外部環境に関して主に調査すべきポイントを、図4-2-1にまとめています。

　まず、重要なことは、自社が位置する業界を数値で捉えるということです。業界の市場規模の把握はもちろん、その将来予測も実施しなければなりません。

　次に、業界のライフサイクルです。どのような業界も、永久に成長し続けるということはありません。需要と供給のバランス、購買者が経験を積むことによる商品・サービスに対する要求の高まりなどで、業界が変化していきます。その変化がどの局面にあるかを明確にするのが業界ライフサイクルです。

業界動向は、業界トップ企業の動き、対象顧客の動き、業界に対する法規制など政治上の動き、という大きく３つの動きで捉えることが可能となります。

また、業界特有の商習慣や流通形態、ビジネスモデル上のポイントなど、基本知識も押さえておく必要があります。対象エリアの動向もときには企業に影響を及ぼします。そのため、自社が対象とするエリアにどのような動きがあるかを明確化します。自社の対象となるのが限られたエリアなのか、日本全体なのか、あるいは海外なのかによって、調査するエリアは当然変わってきます。

特に影響を受けやすいのが、直接対峙する競合企業の動向です。影響度合いが大きい場合には、競合調査を徹底して行い、自社とのビジネスモデルの違いなどを調べ上げます。

本章の以下の節では、それぞれの調査内容の詳細や調査方法について説明していきます。これらの調査方法を知っておけば、より効率的に調査を進めることが可能となります。

## 外部環境調査のポイント（4-2-1）

**市場規模の推移と予測** …市場規模の推移把握と将来予測の実施

**業界ライフサイクル** …業界やその商品の市場ライフサイクルでの位置づけ

**業界動向** …業界トップ層企業の動き、対象顧客のニーズや動向、法律改正などの明確化、対象エリアの動向

**業界の特性** …業界の特徴、商慣習、流通形態、基本ビジネスモデルなどのポイント明確化

**競合企業動向** …競合する企業の動向

# 3 外部環境調査

## 市場規模の推移・予測把握シート

市場規模の推移把握および将来予測を行うフォームを紹介します。

### ◇ 市場規模を押さえる

外部環境をまとめていくためには、まず、**市場規模**を中心とした動きを押さえておく必要があります。それを見やすくまとめられるシートを図4-3-2に示します。

この市場規模については、図4-3-1にあるように、大きく3つの部分に分けて調査すると分かりやすいでしょう。

まず、市場規模の現在までの推移と将来予測。対象としている市場の規模をつかまなければ、何も始まりません。

次に、その市場における自社のシェアを算定します。ただし、自社の対象エリアが一部地域に限定されている場合は、対象エリアの人口比や企業数比などにより対象市場規模を割り出した上で、自社シェアを求めます。

それと共に市場規模に影響を及ぼす各種の経済環境もチェックしておきます。特に好景気・不景気といった景気変動も押さえておいた方がよいでしょう。

次節以降で、これらの項目の調べ方などを説明していきます。

#### 市場規模の重点調査項目（4-3-1）

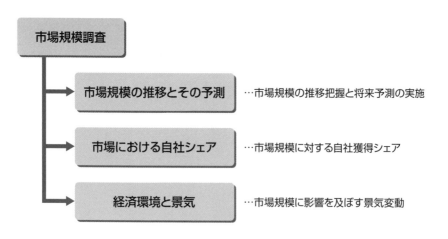

市場規模調査

市場規模の推移とその予測 …市場規模の推移把握と将来予測の実施

市場における自社シェア …市場規模に対する自社獲得シェア

経済環境と景気 …市場規模に影響を及ぼす景気変動

| | | 5年前 年 | 3年前 年 | 2年前 年 | 前年 年 | 本年度 年 | 3年後予想 年 | 5年後予想 年 |
|---|---|---|---|---|---|---|---|---|
| 市場規模 | 市場規模 | | | | | | | |
| | 伸び率 | | | | | | | |
| | 自社売上 | | | | | | | |
| | 自社シェア | | | | | | | |
| | 参入企業数 | | | | | | | |
| | 伸び率 | | | | | | | |
| 経済環境 | 経済成長率 | | | | | | | |
| | 消費者物価指数 | | | | | | | |
| | 原材料価格動向 | | | | | | | |
| | その他経済環境<br>・エンドユーザー動向<br>・金融動向<br>・企業設備動向<br>…etc. | | | | | | | |
| 景気先行き感の読み | | | | | | | | |

第4章 外部環境調査

71

# 市場規模の算定と予測

ここでは、市場規模の算定とその将来予測について説明します。

## ◇ 市場規模について

　まず、自社の属する業界の市場規模はどれくらいなのか、ということを確定する必要があります。

　売買がある限り、どのようなものにも「**市場規模**」が存在します。市場規模は業界を知る上で土台となる部分であり、金額や数量で捉えます。

　市場規模に関しては、少なくとも過去10年のトレンドを捉えておく必要があります。現在、および現在に至るまでの数字上での状況をつかみます。それらの情報をいかにして効率的に収集できるか、がポイントです。このコツをできるだけ分かりやすく解説していきます。

## ◇ 市場規模情報の収集方法について

　図4-4-1に示したとおり、情報の収集方法はいくつかあります。

　特に信頼できて利用しやすいのは、官公庁が出している統計データです。これらは、総務省統計局を中心に各省庁で実施した調査に基づいており、さらにそのデータの大半は、Webサイトで閲覧・ダウンロードできるようになっています。最新のデータを得るには、白書を利用するといいでしょう。

　ただし、官公庁が統計データを出しているのは大きな業界のみなので、小さな業界などでは、データがないか、あっても簡単なものだけということも多々あります。そこで、次に調査すべきは、業界団体や業界専門誌（新聞・雑誌）です。こういったところも、年に1回程度、業界の市場規模を算定している場合があり、利用できます。また、業界団体や業界紙に電話で問い合わせてみるのも1つの手です。調べている場合は教えてくれるでしょうし、そうでない場合でも大枠の話を聞くことができたり、データの所在を教えてくれる場合もあります。

　さらに、同業種で株式公開している企業があれば、その企業の有価証券報告書や事業計画書を入手してください。その中に、自社を取り巻く環境について記載されていることもあります。これもWeb上から簡単に手に入れることが可能です。

## 市場規模の算定と将来予測の方法（4-4-1）

### 利用できるデータ

・政府系の統計データ
・シンクタンク系企業の統計データ
・主要企業の業績データ

・業界団体の統計データ
・業界専門誌や業界本のデータ
・同業種の公開企業データ

### 情報収集方法

・インターネットでの検索
・本、新聞、雑誌、専門データ購入
・電話などによる問い合わせ

### 市場規模の算定・将来予測

・各種統計データからの平均値法
・過去からのトレンド予測法
・外部環境の条件組み合わせ法

第4章　外部環境調査

　また、シンクタンク系企業や調査会社が出している業界データも利用できます。これらの企業は、大半が調査事業として行っているため、データの入手にはお金がかかります。しかも、かなりの高額になる場合があるのでご注意ください。

　信頼性は低いのですが、インターネット上をネットサーフィンする方法もあり、たまによい情報をつかめることもあります。

　最後に注意事項として、出荷額・卸額・末端消費額の違いがあることを忘れないでください。どの数字が使われるかによって、数量や金額は大きく変わります。

## ◇ インターネット検索について

　市場規模やその他の外部環境調査において、インターネットは欠かせません。インターネットは無料情報の宝庫といえるでしょう。インターネット検索をうまく使えば、情報収集の効率は飛躍的に向上します。

　このネット検索手法の基本は、「**検索キーワード**」にあります。キーワード次第で、よい情報にめぐりあえるかどうかがほぼ決まります。

　先の政府系の統計データのように出所が明確な場合は、検索も簡単です。そのアドレスを探せば済みます。

　一方、そうでない場合は「検索するキーワードの選び方と組み合わせ方」がポイントとなります。「○○業界　市場規模」のようにいくつかのキーワードを組み合わせて検索します。キーワードを組み合わせる場合は、キーワードとキーワードの間にスペースを入れてください。よい情報がない場合は、検索するキーワードを少しずつ変更していきます。例えば、先ほどのキーワードなら「○○業界　統計データ」などと変化させていきます。

　また、検索結果が多い場合は、検索対象から除外するキーワードを指定することも可能です。慣れれば、ほしい情報に早くたどりつけるようになってきます。

## ◇ **市場規模予測について**

　市場規模の算定に関しては、収集した情報の信頼度を考慮しつつ類推していきます。一般企業が算定している場合は、できれば、市場規模に関する資料をいくつか収集します。それらのデータを並べてみて、ブレの幅を見ながら最終的に決定します。

　問題は、市場規模の将来予測です。過去と現在から将来を予測するのですが、そう簡単ではありません。10年後の予測は難しいにしても、3～5年後までの規模推移に関しては、企業の方向性を決めるためにもつかんでおきたいものです。

　この予測にはいくつかの手法があります。1つは、発表されている統計データに将来予測が含まれていることも多いので、それらの予測値の平均値を出す方法です。また、過去からのトレンドで予測する方法もあります。これらの方法では過去5～10年の市場規模の推移を見ます。特に直近の3年間はどのような動きかを見ておきます。これにより、次の3年を予測します。

　最後に、外部環境の条件組み合わせ法というものがあります。この方法はストック産業に対して有効です。例えば、マンションや住宅を対象とする何らかのサービス（リフォーム、補修工事など）を実施する市場があるとします。この場合、対象となるサービスの発生確率が例えば築10年程度から大きくなることが分かっているとすると、過去10年の築件数が分かれば、自然とその市場規模が今後10年にわたって予測可能になります。

このように、「購買する対象数がどのように変化していくか」をもとに算定する方法も、コンサルティングの現場ではよく利用されます。

## ［参考］マーケットサイズと市場規模算定法（4-4-2）

　一般消費財の場合、船井総合研究所では「マーケットサイズ」と呼ばれるものを利用します。これは、日本国内における赤ちゃんから老人まで全てを1人とカウントし、1年間にその商品やサービスを平均いくら購買するかを算定したものです。これに対象とする人口を掛ければ、その市場の規模が算定できます。ご参考までに、日本人の主食であるお米のマーケットサイズを算定してみると、次のようになります。

---

**①お米の市場規模調査**

・家計調査年報（総務省統計局）

　2019～2021年の1家庭におけるお米の年間消費額平均：22,998円

　現在の1家庭平均人数：2.27人（2020年国勢調査/総務省より）

　**22,998円÷2.27人＝10,131円**

・1人当たりお米の年間消費量（農水省・2020年）：50.8kg

・お米1kg当たり小売平均単価：250円（市場よりの筆者推測）

　**50.8kg×250円＝12,700円**

**②お米のマーケットサイズ決定**

　・家計調査年報（総務省統計局）より10,131円

　・1人当たりお米の年間消費量（農水省）より12,700円

　・これらから**お米のマーケットサイズ（1人当たり消費額）を11,000円**と推定

**③商圏内市場規模の算定**

　・自店の対象人口が20,000人とします。

　・対象人口20,000人×11,000円＝220,000,000円＝2億2千万円

ということで、対象エリア内では**年間2億2千万円のお米が買われる可能性**があると推定されます。

---

# 市場規模とシェア

市場規模が推定されると、次に重要なポイントが、その市場の中での自社の位置づけとなります。それを知るのがシェアと呼ばれるものです。

## ◇ シェアについて

　先に述べた、自社の属する業界の市場規模はどれくらいなのか、ということを確定できたとしましょう。

　それができれば、その市場に対して自社がどれほどの影響力を持っているか、市場の中での位置づけなどを明確にできます。それが "**シェア**" といわれるものです。

　シェアを算出する公式は簡単です。

> **シェア＝自社の売上÷対象市場の総需要額**

　船井総合研究所では、この市場の総需要額とシェアをすぐに算出できるように、先述のマーケットサイズを一覧表の形にした「マーケットサイズ表」を用意しています。これは、小売業やサービス業向けのものです。

　例えば、家電店を経営しているものとしましょう。家電のマーケットサイズは約6万円です。その家電店の対象商圏人口が5万人、その家電店の売上高が5億円だとすると、次の計算により、シェアは約17％ということになります。

　自社売上（5億円）÷市場需要額（5万人×6万円＝30億円）＝シェア（16.7％）

　さらに、マーケットサイズ表により、商品群レベルまでの市場シェアを算出することが可能となります。家電店のテレビ年間販売額が1.2億円だったとします。テレビのマーケットサイズは約9400円です。

　売上（1.2億円）÷市場需要額（5万人×9400円＝4.7億円）＝シェア（25.5％）

　この家電店は、テレビの販売力が非常に強いことも分かります。

　なお、企業向け事業の市場シェアの算出方法も、基本は同じです。人口の部分を事業所数（もしくは従業員数）に置き換えて算出すればよいのです。

　このようにシェアは、市場規模がわかれば簡単に算出することが可能です。

## ◇ シェアの活かし方について

　次に、知っておいてほしいことがあります。シェアの持つ意味です。シェアの数字には、それぞれ意味があります。船井総合研究所のシェア理論は、ランチェスター理論をもとに、それを市場の競争戦略で使用できるように直したものです。

　図4-5-1に示したシェア理論は、小売・サービス業をメインにつくられたものです。また、大型総合店と専門店とでは見方が少し違います。

　先ほどの家電店に話を戻しましょう。全体のシェアが約17%。これは同図中のトップグループシェアに近いのですが、競争店がある中で団子状態になっていることが推定されます。このようなときは、早く26%のシェアをとった店舗が一番になれるので、シェア26%にするための拡大戦略を構築していきます。

　小売店に限らず、例えば大手メーカーにおいても市場シェアアップが戦略の上位に位置しています。

　このようにシェアは、企業戦略を考える上でも重要なファクターです。

第4章　外部環境調査

### 船井流シェア理論におけるシェアの数字の意味（4-5-1）

| | | | |
|---|---|---|---|
| 独占シェア | 74% | オールマイティゾーン・シェア | 競合がいない独占状態、もしくは競合が少数しか存在しない状態のときのシェア |
| 相対的独占シェア | 55% | | |
| 相対シェア | 42% | | |
| 寡占化シェア | 31% | | 地域内に競合と呼べるレベルが存在しなくなるシェア |
| トップシェア | 26% | 地域一番・トップシェア | ○○ならあの店が一番、と認識されるシェア |
| トップグループシェア | 19% | | ○○ならあの店、といわれるようになるシェア |
| 優位シェア | 15% | 地域二番シェア | エリアで二番目、人気店といわれるシェア |
| 影響シェア | 11% | 認知シェア | 自店の人気や活動が他店に影響を与えるようになるシェア |
| 存在シェア | 7% | | 自店の存在を認識されており、購入の際に候補枠に入ってくるシェア |

# 6 経済環境について

ここでは、日本および世界の経済環境について説明します。

## ◇ 景気動向について

　まず、日本の景気動向ですが、約8〜10年の周期で好景気・不景気を繰り返しています。このように周期的に好景気・不景気が繰り返し発生するメカニズムは、経済学者の間でも議論されており、結論が出ていないようです。

　1991年のバブル崩壊、2000年のITバブル崩壊、2009年のリーマンショックによる世界同時不況、2020年からのコロナ禍による世界同時不況、などと定期的に波が来ます。ただし、好景気・不景気の度合いはそれぞれ異なります。

　例えば2009年の世界同時不況では、不景気の大きな波がきました。そのため輸出産業は大打撃を被り、多くの企業は生産拠点を海外に移しました。その後は景気が回復・上昇傾向にあったものの、2020年からの新型コロナウイルスによる世界的パンデミックにより、世界経済が完全にストップしました。そのため、海外移転が完了した生産網も素材や部品が調達できず、あらゆる産業で生産がストップするという状況が発生しました。また、飲食やアパレル、観光産業などの一般消費も激減するという、過去に例を見ない状況ともなりました。

　しかし、景気は必ず、またよくなります。このような好景気時と不景気時とでは、経営の対応方法が変わります。例えば不景気時には、客単価を下げて客数アップを狙わなければなりません。また、そのための新規開拓にかなりの力を注ぐ必要があります。顧客側も不景気時には、より価格が低くて質のよいものを探すようになります。

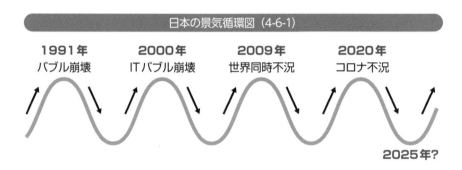

日本の景気循環図（4-6-1）

1991年
バブル崩壊

2000年
ITバブル崩壊

2009年
世界同時不況

2020年
コロナ不況

2025年?

　逆に好景気のときは、既存顧客に対して客単価アップ、購買量アップを図ってい
かなければなりません。
　そのため、不景気でも客数をとれる企業が、次の好景気時には売上を大きく伸ば
すことも可能となってきます。また財務面では、不景気時には徹底したキャッシュ
フロー戦略をとらなければなりません。とにかく、手持ち現金を重要視した財務体
質に持っていきます。一方、好景気時には、投資回収を見ながらですが、思い切った
投資も可能となります。
　このように、景気の流れに応じて、基本的な企業戦略も変えなければなりません。

## 好景気・不景気における基本戦略の違い（4-6-2）

| | 好景気時対応 | 不景気時対応 |
|---|---|---|
| 価格戦略 | 客単価アップを目指す。高額商品帯の販売も強化 | 客数アップ・客単価ダウンを目指す。そのため、質を落とさず好景気時の60〜80%の価格設定が必要 |
| 商品戦略 | 商品・サービスの付加価値アップを実施する。既存商品の高機能化にチャレンジ | 上記の価格戦略を実施するためには、既存商品（サービス）の基本機能を再構築すること。また、その際には企業理念（姿勢）、自社の強みを核とすること |
| 営業戦略 | 既存顧客の顧客内シェアを中心にしながら、新規顧客の開拓にチャレンジする | 上記の商品力を持てれば、一気に新規開拓、シェアアップすることも可能。既存戦力（もしくはそれ以下）で、より効率的・効果的に新規顧客を開拓する仕組みづくり |
| 販促戦略 | 固定客化を徹底。販促の早期的しかけの検討 | 固定客化の徹底。ピンポイントの販促戦略 |
| 事業戦略 | 既存事業の拡大　次の新規事業の種を構築 | 新規事業への取り組み |
| 財務戦略 | 好景気時こそローコスト運営の徹底　状況を見ながらの確実な拡大戦略のための資金確保 | 徹底したキャッシュフロー重視、負債は短期借入金から長期安定資金化の努力 |
| 人材戦略 | 理念の定着と人材教育の徹底 | 一体化の重要性と有能人材の確保 |
| その他 | 時流の見極めを徹底すること | トップは、プラス発想、ポジティブ発想で事に臨む。そのためには納得できるまで勉強すること |

# 7 業界動向

次に業界動向の調査について説明します。業界動向としては、「業界トップ層企業の動き」
「購買顧客動向」「業界の動き」「業界ライフサイクル」をチェックします。

## ◇ 業界動向とは

前節までは、市場規模やその推移をいかにして算出・予測するかなど、どちらか
というと大枠の全体像把握が中心でした。ここからはもう一歩落とし込んで、業界
の動きをさらに細かく見ていく内容へと移ります。業界の動きを分かりやすくまと
めることができるシートを、図4-7-2に示します。

**業界動向**については、図4-7-1にあるように、「業界トップ層企業の動きの把握」
「対象顧客ニーズの把握」「行政や（業界に影響を与える）社会動向の把握」「業界ラ
イフサイクルの把握」の大きく4つの部分に分けて調査すると分かりやすいでしょ
う。次節以降では、業界動向の調査方法について説明します。

### 業界動向把握の4つのポイント (4-7-1)

業界トップ層企業
の動きの把握

業界ライフサイクル
の把握

**業界動向把握**

対象顧客ニーズ
の把握

行政・社会動向
の把握

## 業界動向把握シート（4-7-2）

|  |  | 5年前 年 | 4年前 年 | 3年前 年 | 2年前 年 | 前年 年 | 本年度 年 | 来年度予測 年 |
|---|---|---|---|---|---|---|---|---|
| 業界トップ層の動き | 社名（　　　　） |  |  |  |  |  |  |  |
|  | 売上高 |  |  |  |  |  |  |  |
|  | 　　伸び率 |  |  |  |  |  |  |  |
|  | 利益額 |  |  |  |  |  |  |  |
|  | 　　伸び率 |  |  |  |  |  |  |  |
|  | 強み・ビジネスモデルの特徴 |  |  |  |  |  |  |  |
|  | 戦略と最近の動き |  |  |  |  |  |  |  |
|  | 社名（　　　　） |  |  |  |  |  |  |  |
|  | 売上高 |  |  |  |  |  |  |  |
|  | 　　伸び率 |  |  |  |  |  |  |  |
|  | 利益額 |  |  |  |  |  |  |  |
|  | 　　伸び率 |  |  |  |  |  |  |  |
|  | 強み・ビジネスモデルの特徴 |  |  |  |  |  |  |  |
|  | 戦略と最近の動き |  |  |  |  |  |  |  |

|  |  | 5年前 年 | 3年前 年 | 2年前 年 | 前年 年 | 本年度 年 | 3年後予想 年 | 5年後予想 年 |
|---|---|---|---|---|---|---|---|---|
| 購買対象顧客 | 対象顧客数推移 |  |  |  |  |  |  |  |
|  | 　　伸び率 |  |  |  |  |  |  |  |
|  | 販売チャネルに関する動向・ニーズ |  |  |  |  |  |  |  |
|  | エンドユーザーに関する動向・ニーズ |  |  |  |  |  |  |  |
| 業界の動き | 法改正などの行政に関する動向 |  |  |  |  |  |  |  |
|  | 業界トピックス（新しい動き） |  |  |  |  |  |  |  |
|  | 原材料など仕入れに関する動向 |  |  |  |  |  |  |  |
|  | 業界に影響を及ぼす技術開発の動向 |  |  |  |  |  |  |  |
| ライフサイクル | 参入企業数推移 |  |  |  |  |  |  |  |
|  | 業界急成長企業の特徴 |  |  |  |  |  |  |  |
|  | 業界ライフサイクルの段階とポイント |  |  |  |  |  |  |  |

# 業界動向の調査方法

この節から、業界動向の調査方法をより具体的に説明していきます。

## ◇ どのようにして業界動向を把握するか

業界動向とひと言でいっても、様々な要素が入り込んでいます。経営計画立案における外部環境調査において、それらをいちいち調べていては時間が足りません。そこで、業界動向については「ここだけをつかんでおけばよい」というポイントに絞って説明します。

1つ目は「**業界トップ層企業の動きの把握**」です。

業界トップ層は、その業界に安住している場合もありますが、概してその業界において、資本力もあり、業界情報を多くつかんでいるものです。そのため、その企業が打ち出している策には一見の価値があります。特に、新商品や新サービス、新しいしかけなどは、注意してウォッチすることをお勧めします。

また、業界トップ層に絞る理由はもう1つあります。それは、情報を手に入れやすいということです。特に、公開している企業ならば、「有価証券報告書」と「ホームページ」を検索するだけでも、多くの情報を手に入れることができます。また、業界紙や業界新聞にもトップ企業の記事は多く出ており、検索して調べることも比較的容易です。

2つ目は「**対象顧客ニーズの把握**」です。

対象とする顧客のニーズは、安定期（次節参照）に差しかかった業界においては特に重要です。顧客は、同じ商品やサービスに対して購買経験を積むと、その商品に対する「価格と価値のバランス」を理解するようになっていきます。そして、それがさらに進むと、顧客特有のニーズが生じてきます。そのニーズをうまくつかんでいる企業の業績は好調であり、そうでない企業は不調である——というのは当然の結果でしょう。

この顧客ニーズの調査を本格的に実施する場合、色々な手法が考えられます。簡単な方法は、様々な企業がすでに行っている顧客ニーズ調査データの入手です。ただし、特殊な資料なので購入するとなると値段が張ります。また、情報が古くて「現在」とはズレている場合も少なくありません。

　そのために、直接調べるという方法もあります。「アンケート」や「グループインタビュー」などが一般的ですが、これらは時間がかかりすぎます。そこで、ここでも「ヒアリング」手法をお薦めします。ツテを頼ったりして、同じ業界の企業や関連企業、商品・サービスを購買している企業などに直接聞くことで、顧客ニーズを明確にするのです。また、業界紙や業界団体にヒアリングするのもよいでしょう。

　「**行政・社会動向の把握**」も、業界によっては影響度が大きいために重要となります。行政については、特に法律絡みの動きをチェックします。法律により業界が大きく変化する可能性を秘めているからです。また、社会的要請というものも見逃してはいけません。例えば食品関連メーカーならば、昨今は食の安全が声高に叫ばれているので、食の製造工程を管理する「HACCP＊」対応や、製品の原材料から安全性を確認していく「トレーサビリティ」対応など、社会全体のニーズに関する動向も認識しておく必要があります。これらは新聞検索などにより、あまり苦労せずに調べることが可能でしょう。そのほか、対象としているエリアの状況、人口動態なども企業によっては重要なので、必要に応じて調査します。

　なお、最後の「業界ライフサイクルの把握」については、説明が長くなるので節を改めて解説します。

**業界動向調査の主な内容と手法（4-8-1）**

**業界トップ層企業の動きの把握**

・新商品や新サービス
※有価証券報告書などの検索

**行政・社会動向の把握**

・法律や制度の制定・改廃の動き
・社会的要請の発生や高まり
・人口動態の変化
※新聞検索

**対象顧客ニーズの把握**

・好調企業の動き
※アンケート、グループインタビュー、
　ヒアリング

「※」は主な調査手法

＊**HACCP**　Hazard Analysis and Critical Control Point の略。危害要因分析重要管理点。「ハサップ」などと呼ばれる。

# ⑨ 業界のライフサイクルを見極める

ここでは、業界の「ライフサイクル」について説明します。

## ◇ ライフサイクルとは

全ての商品に**ライフサイクル**があるのと同様に、全ての業種（業界）にもライフサイクルがあり、市場規模の拡大が無制限に続く業種はありません。また、ライフサイクルのそれぞれの時期には、その時期に適した経営手法をとる必要があります。各時期の特徴と適した経営手法を簡単にまとめると、次のようになります。

- **導入期**…まだその業種自体が世の中に知られていないため、知ってもらうための根強い活動が必要。商品を「集める」もしくは「つくる」ことが最大の命題となる。

- **成長期**…業界が急速に成長する時期。この成長期に入ると、専門分野に特化し、その分野で一番の品揃えを実施するのが効果的。また、流行っている店とまったく同じ形態をとればよい、という「モデル商法」も有効となる。さらに、いかに素早く展開できるかといった成長戦略が最も重要となる。

- **成熟期**…市場はまだ成長するものの、それ以上の勢いで業界への参入が続き、ある時点で需要と供給のバランスが崩れる（このポイントを転換点という）。この成熟期で世の中に完全に認知される。このときの戦略は「大型総合化」である。

- **転換期**…完全に供給過多となる。この時点で消費者は、その商品やサービスの経験値が上がり、良い・悪いの見分けができるようになる。また、価格に対する価値観も身につけ、予算という発想が出てくる。そのため、単品特化や専門化、予算帯別のマーケティングが必要となってくる。

- **安定期**…優劣の差が明確となり、参入も一段落する。これにより、市場における需要と供給のバランスがとれるようになってくる。しかしながら、消費者の経験値はますます上がり、価格帯別マーケティングや個性といったものが必要となってくる。この段階から、独自固有の長所といったものが重要になる（ちなみにアパレルは安定期まで進んでいる）。

　以上の説明は主に小売業・サービス業を想定しています。業種ごとにライフサイクルの各時期のポイントは異なり、それぞれに対応した経営手法をとる必要があります。

　図4-9-1は、ここまで述べたライフサイクルを図式化したものです。

　このライフサイクルは、当然ながらメーカーや卸にも適用できるほか、個々の商品やサービスに適用することも可能です。

## 業界ライフサイクル図（4-9-1）

| ライフサイクル | | | | | |
|---|---|---|---|---|---|
| | 導入期 | 成長期 | 成熟期 | 転換期 | 安定期 |
| キーワード | 専門化 | | 大型総合化 | ニーズの多様化 | 個性化へ |
| | ・新しい、珍しい | ・商品集め<br>・専門分野の確立 | ・参入過多による需要と供給の逆転<br>・株式公開 | ・予算帯の発想<br>・価格競争激化<br>・M&Aの発生 | ・長所伸展<br>・M&Aによる統廃合 | ・本物化／独自固有の長所化 |
| 各時期の特徴 | 前期経営環境 | | | 中期経営環境 | 後期経営環境 |
| | 拡大すればするだけ売上が伸びる時期 | | | 競争激化の中での生き残りレースが展開される | 独自固有の長所を有する企業が存続し、安定した利益を確保する |

（※転換点）

## ◇ ライフサイクルの見分け方と対策

　ライフサイクルは、企業数の推移や業界の市場規模、企業の動きなどである程度見分けることができます。参入企業が急速に伸び、市場規模も伸びている時期は、「成長期」です。また、「成熟期」の特徴として、公開企業が出るなど、企業も大型化・総合化してくる傾向があります。「転換期」は、倒産企業数が増加し、全体の企業数も減少傾向に移ります。価格競争が起こりやすいのもこの時期です。それを過ぎると「安定期」に入っていく、という形になります。ただし、安定期の前期にはM&Aが続くという特徴もあります。

　参入の成功確率が最も高いのは「成長期」です。成長期の需要と供給は、

　　需要 ＞ 供給

となります。需要に比べて供給が圧倒的に少ないため、展開すればするだけ、売上は拡大していきます。また、競合が少ないために価格コントロールもしやすく、利益を出しやすい環境下にあります。

　このときに参入できれば、利益は全て「拡大」の費用にまわし、銀行などからも最大限の借入をして、投資にまわすことも勧められます。

　しかし、成熟期にはこの関係が、

　　需要 ＝ 供給

になってきます。面白いことに、大手企業はこの時期に参入します。市場が拡大し、安全で儲かると分かるまで、重い腰を上げないからです。いったん腰を上げれば、その資本力と知名度を活かした展開をしてきます。

　そして、転換点を過ぎて衰退期になると、

　　需要 ＜ 供給

つまり供給過多の状態となります。必然的に価格競争が起こるので、企業の利益は出にくくなり、経営体の弱い企業は市場から退場していきます。つまり、強い企業、独自固有の長所を持つ企業しか、市場で生き残れなくなります。

　このような特徴や戦略が考えられるライフサイクルは、自社の位置づけを知る上でも重要な役割を果たします。

　今日、多くの業種はすでに転換期または安定期に入っています。そのため、外部環境的にも市場自体はあまり成長しない産業であり、かつ、経営的にも単純な拡大だけでは対応できない、経営手腕が問われる業種がほとんどです。特に安定期に入ると、顧客の予算が確立されることによる商品機能分化や、顧客のニーズ変化への対応、企業の独自性強化、価格圧力への対抗によるオペレーション効率の向上など、経営課題も多くなり、対応を誤って駄目になる企業も増えてきます。

　そのため、自社の属する業界がライフサイクルのどの時期であるかによって、経営計画策定における調査内容も変化します。例えば顧客ニーズは、転換期ならば価格要求が主だと推定できますが、安定期に入っていれば顧客ニーズ調査が重要になってきます。このように、ライフサイクルを見極めることは、外部環境の調査内容に影響し、また経営計画策定においても重要な視点となることを覚えておいてください。

## 市場参入とライフサイクル（4-9-2）

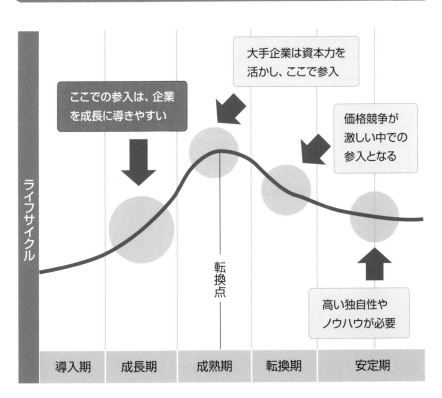

ここでの参入は、企業を成長に導きやすい

大手企業は資本力を活かし、ここで参入

価格競争が激しい中での参入となる

ライフサイクル

転換点

高い独自性やノウハウが必要

導入期　成長期　成熟期　転換期　安定期

# 競合企業の動向を把握する

企業が特に影響を受けやすいものに「競合」との関係があります。特殊な規制に守られた業界を除けば、大半の企業は「競合」の影響を強く受けています。自社が直接対峙する競合の動向は、確実につかんでおかなければなりません。

## ◇ 競合企業の動向調査

**競合動向**を把握する方法は、企業を対象とするBtoB事業と、一般顧客を対象とするBtoC事業とで異なります。BtoC事業の場合は直接見ることが可能なので、調査も比較的やりやすいといえます。

また、対象が上場企業の場合、公開しているデータが多く、調査はかなり楽になります。まず、「有価証券報告書」で大まかなことは把握できます。

上場していない企業を対象とする場合は、ホームページのチェックのほか、東京商工リサーチや帝国データバンクなどから企業調査データを取り寄せたり、独自の企業調査を依頼したりすることも可能です。こういった方法により、決算などの数字的部分は大まかに捉えることが可能です。しかしそれだけでは、自社との比較や詳しい動向の把握はできません。

## ◇ 競合調査のポイント

競合調査における最大のポイントは、自社と競合企業の違いを明確にすることです。明確にするには、調査する基準を同じにしなければなりません。自社との比較対照ができるように、調査する視点・項目が重要となります。そこで次節では、調査項目とポイント、調査方法などを説明します。

これらの調査を実施し、図4-10-1の競合動向把握シートを埋めます。項目を明確にし、自社との違い、その企業の強みや特性を把握することが重要です。

競合動向把握シート（4-10-1）

| | | 5年前<br>　　年 | 4年前<br>　　年 | 3年前<br>　　年 | 2年前<br>　　年 | 前年<br>　　年 | 本年予測<br>　　年 |
|---|---|---|---|---|---|---|---|
| 競合動向 | 社名（　　　　） | | | | | | |
| | 売上高 | | | | | | |
| | 　　　　伸び率 | | | | | | |
| | 利益額 | | | | | | |
| | 　　　　伸び率 | | | | | | |
| | 強み・ビジネス<br>モデルの特徴 | | | | | | |
| | 戦略と最近の動き | | | | | | |
| | 商品力 | | | | | | |
| | 価格力 | | | | | | |
| | 展開力 | | | | | | |
| | 営業力 | | | | | | |
| | 社名（　　　　） | | | | | | |
| | 売上高 | | | | | | |
| | 　　　　伸び率 | | | | | | |
| | 利益額 | | | | | | |
| | 　　　　伸び率 | | | | | | |
| | 強み・ビジネス<br>モデルの特徴 | | | | | | |
| | 戦略と最近の動き | | | | | | |
| | 商品力 | | | | | | |
| | 価格力 | | | | | | |
| | 展開力 | | | | | | |
| | 営業力 | | | | | | |

第4章　外部環境調査

# 競合企業の動向調査手法

ここでは、直接対峙する競合の動向を効率的に把握する方法について説明します。

## ◇ 基本的な調査手法

まずは図4-11-1を見てください。これは、競合調査を実施する際のポイントとなる項目の詳細です。この項目でチェックすれば分かりやすい、という観点から分類しています。

### 競合調査項目一覧 （4-11-1）

| 調査項目 | | ポイント |
|---|---|---|
| 業績 | | 売上高や利益などの成長率、また借入金など財務的観点などの業績の変化 |
| 商品力 | | どのような商品をどのくらいのアイテム数だけ保持しているかの状況。特許などの技術状況 |
| 価格力 | | 商品別の価格帯の状況 |
| 展開力 | | 営業展開、営業拠点の状況 |
| 営業力<br>（BtoB事業項目） | | 営業の基本的仕組み、営業ステップ、営業ツール、営業トークなどの評価 |
| 営業力 | | |
| （BtoC事業項目） | サービス力 | 顧客に対するサービス力の状況 |
| | 売場力 | 売場の演出力、POPなど |
| | 施設力 | 施設、設備、駐車場台数。また、その手入れ（清掃）状況 |
| | 立地力 | 立地状況（対商圏人口、アクセス、道路からの視認性） |
| | 集客力・販促力 | 販売促進や広告宣伝の状況 |
| | オペレーション力 | 人員配置や運営の状況 |
| | 実体客数 | ある一定時間の客数の入り調査（繁盛度合いの測定） |

　また、営業力調査に関しては、企業向け事業展開（BtoB）企業とBtoC（消費者向け事業展開）企業とでは、見ることのできる範囲が大きく変わります。そこで、その部分は分けています。

　まずBtoC事業者の場合は、可視部分が多く、一般顧客に混じって調査することが可能なので、多くの部分を調査・比較することができます。

　調査の対象がBtoB事業者の場合は、表面化している部分が少なく、調査することはなかなか難しいものです。しかし、そういった制約がある中でも調査を実施しなければなりません。方法としては、直接、話を聞くのが最もよいでしょう。しかし、実際にはなかなか難しいものです。そこで、資料を取り寄せたり、末端の営業社員の話を聞いたりします。筆者らも、ツテを頼って競合企業に直接ヒアリングをかけることもあります。また、このような企業調査を専門とする会社もあるので、そういったところに依頼する手もあるでしょう。財務的な部分は、費用をかければ手に入れることが可能です。

　重要なのは「どのような角度から競合企業を評価するか」です。特に、可視部分から推測される企業の状況を導き出し、自社との違いを明確化することが何よりも重要です。

## ◇ 競合と自社を比較する

　競合を調査した結果をもとに、自社と競合企業を比較することが重要です。このときには極力、同じ角度から、同じ評価軸で比較することがポイントです。

　特に、競合との違いがどの部分にどの程度あるかを見やすく表現してください。そのためには、評価項目を点数化して表にするのもひとつの手でしょう。調査項目に間違いがなければ、企業ごとに強みや違いというものがはっきり出てくるはずです。この作業により、相対評価としての自社の強い部分と弱い部分、競合が強い部分と弱い部分がはっきりしてきます。

## 競合調査の比較事例① （4-11-2）

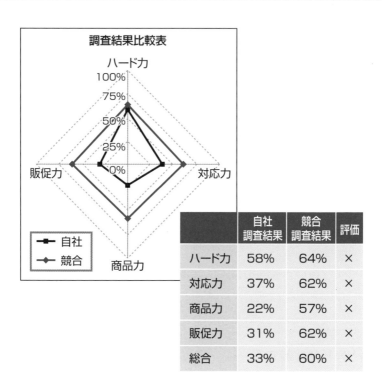

調査結果比較表

| | 自社<br>調査結果 | 競合<br>調査結果 | 評価 |
|---|---|---|---|
| ハード力 | 58% | 64% | × |
| 対応力 | 37% | 62% | × |
| 商品力 | 22% | 57% | × |
| 販促力 | 31% | 62% | × |
| 総合 | 33% | 60% | × |

## 競合調査の比較事例②（4-11-3）

| 項目 | チェック項目 | 競合A | 競合B | 自店 |
|---|---|---|---|---|
| 店頭 | 店名と業種が遠くからでもハッキリと分かる(看板・のれん・アイキャッチ看板など)。 | 2 | 2 | 3 |
| | コンセプトと一致した店頭づくりができている。 | 1 | 2 | 2 |
| | 店内の様子が外からうかがえ、入店しやすい入口である。 | 2 | 2 | 2 |
| | 店の外からでも、具体的な商品や予算をイメージさせる店頭づくりができている。 | 2 | 2 | 3 |
| | 暗くても目立つような店頭の明るさが十分である。 | 2 | 1 | 1 |
| | 店頭合計 | 9 | 9 | 11 |
| 売場 | 入店後の第一印象で店のコンセプトや雰囲気を印象づけられている。 | 3 | 2 | 2 |
| | 商品がおいしく見えるのに十分な照度である。 | 2 | 2 | 0 |
| | BGMの音楽・音量は適量であるか。 | 2 | 2 | 2 |
| | 本日・今月・当店のおすすめ商品、一番商品がPOPなど店内ツールで訴求されている。 | 3 | 3 | 2 |
| | メニューブックは、ひと目で品揃えが多く感じられ、分かりやすいものになっているか。 | 2 | 2 | 0 |
| | カスタマーエリアは清潔か(□テーブル　□イス　□テーブルの下　□通路床　□壁面)。 | 4 | 3 | 2 |
| | 周りのお客様の姿が見え、にぎわい感が伝わるレイアウトである。 | 9 | 6 | 3 |
| | トイレは清掃されており清潔感がある。 | 1 | 4 | 3 |
| | 売場合計 | 26 | 24 | 14 |

| 社名 | HPまでの誘導 | | | | | HPサイト内の構成 | | | | | | |
|---|---|---|---|---|---|---|---|---|---|---|---|---|
| | ①業界サイト広告 | ②業界サイト広告2 | ③検索(Google広告) | ④検索(Yahoo広告) | ⑤検索(SEO対策) | ⑥資料請求 | ⑦連絡先の有無 | ⑧お客様の声 | ⑨HPの印象 | ⑩独自の強み | ⑪無料冊子 | ⑫メルマガ |
| A | △ 2ページ目 | × なし | ○ 1番目 | ○ 1番目 | △ 10番目 | △ | △ | × | △ | △ | ○ | ○ |
| B | △ 4ページ目以降 | × なし | × なし | × なし | △ 11番目 | ○ | ○ | × | ○ | ○ | ○ | × |
| C | △ 4ページ目以降 | × なし | ○ 1番目 | ○ 1番目 | ○ 3番目 | △ | ○ | ○ | ○ | × | △ | × |
| D | △ 4ページ目以降 | × なし | △ 3番目 | △ 3番目 | ○ 3番目 | ○ | ○ | ○ | ○ | ○ | ○ | × |
| E | △ 3ページ目 | × なし | × なし | × なし | △ 4番目 | ○ | ○ | ○ | ○ | × | ○ | × |
| F | ○ 1ページ目 | △ 11番目 | × なし | × なし | × なし | ○ | ○ | ○ | ○ | ○ | × | × |
| G | ○ 1ページ目 | △ 27番目 | × なし | × なし | △ 17番目 | ○ | ○ | ○ | ○ | ○ | × | × |
| H | ○ 1ページ目 | △ 39番目 | × なし | × なし | △ 5番目 | ○ | ○ | ○ | ○ | ○ | × | × |
| I | △ 4ページ以降 | △ 18番目 | ○ 1番目 | × なし | △ 1番目 | ○ | ○ | × | ○ | △ | × | × |
| J | △ 3ページ目 | △ 48番目 | × なし | × なし | △ 13番目 | ○ | × | ○ | ○ | × | × | × |
| K | △ 3ページ目 | △ 37番目 | × なし | × なし | △ 6番目 | × | ○ | △ | × | × | × | × |
| L | △ 4ページ目以降 | ○ 7番目 | × なし | × なし | ○ 3番目 | × | × | △ | × | × | × | × |
| M | ○ 1ページ目 | △ 32番目 | × なし | × なし | × なし | ○ | △ | × | × | × | × | × |
| N | △ 2ページ目 | ○ 2番目 | △ 3番目 | △ 3番目 | △ 4番目 | ○ | △ | ○ | ○ | △ | × | ○ |

# 外部環境の総合分析

それぞれの調査が終了した時点で、外部環境調査の総括を行います。

## ◇ 外部環境における総合評価

経営計画策定において、外部環境調査は、非常に重要かつ有効な調査です。それぞれの調査が終了した段階で、外部環境から見た自社の評価をしておきます。

**外部環境総合評価（4-12-1）…業界独特の特性の把握**

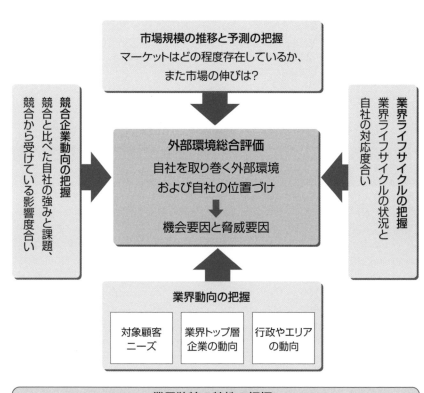

**市場規模の推移と予測の把握**
マーケットはどの程度存在しているか、
また市場の伸びは?

競合企業動向の把握
競合と比べた自社の強みと課題、
競合から受けている影響度合い

**外部環境総合評価**
自社を取り巻く外部環境
および自社の位置づけ
↓
機会要因と脅威要因

業界ライフサイクルの把握
業界ライフサイクルの状況と
自社の対応度合い

**業界動向の把握**

| 対象顧客 ニーズ | 業界トップ層 企業の動向 | 行政やエリア の動向 |

**業界独特の特性の把握**

　外部環境の変化に自社が対応できている部分、および自社に有利に働くことが予想される外部環境の変化を「**機会要因**」といいます。それに対して、自社が対応できていない部分や、自社に不利に働くことが予想される外部環境の変化を「**脅威要因**」といいます。これらを項目ごとに分類・整理し、図4-12-2のシートに落とし込みます。

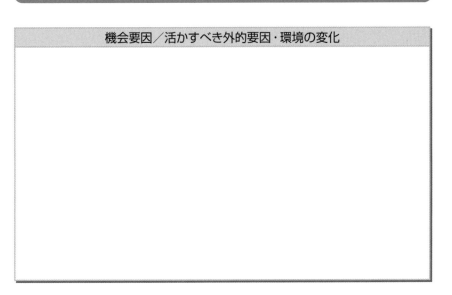

外部環境総合評価シート（4-12-2）

機会要因／活かすべき外的要因・環境の変化

脅威要因／リスクになりえる外的要因・環境の変化

memo

第 ⑤ 章

# 内部分析

　この章では、現状認識における2つ目のポイント「内部環境」を明確化していただくことを目的としています。

　この「内部環境」は主に、①自社の「ビジネスモデル」における強みと弱みの明確化、②自社の定量データを用いた「各種データ分析」から分かる実態、③内部の組織のあり方やマネジメント体制、従業員モチベーション状況などにおける「内部マネジメント分析」——という3つの観点で分析していただきます。自分自身のことは、分かっているようで分かっていないことが多々あります。それを再整理し、もう一度、自社の現状、強み、課題といったものを明確化してください。

# 内部分析

この章では、自社の内部状況を第三者的にまとめることを目的とします。内部分析は、大きく「ビジネスモデル面」「データ分析面」「マネジメント面」の3つの側面に分けて診断することとなります。

## ◇ 各種内部分析シート

### 内部分析シート (5-1-1)

| | 現状と課題 | 強み・一番領域 |
|---|---|---|
| 商品・価格・品揃え | | |
| 商圏・立地・展開力 | | |
| 対象顧客 | | |
| 販促・広告 | | |
| 営業（接客） | | |
| 情報管理 | | |
| 金流 | | |
| 物流 | | |

| | 現状と課題 | |
|---|---|---|
| 商品、商品群 | | |
| 価格帯 | | |
| 部門 | | |
| 営業拠点、エリア | | |
| 顧客 | | |

| | 現状と課題 | 強み |
|---|---|---|
| 組織 | | |
| 職務 | | |
| 責任・権限 | | |
| 要員体制 | | |
| 予算管理 | | |
| 賃金制度 | | |
| 評価制度 | | |
| 教育制度 | | |
| 会議体 | | |
| その他マネジメント | | |

## ◇ 内部分析総括シート

|  | 強み | 課題 |
|---|---|---|
| ビジネスモデル面 |  |  |
| データ分析面 |  |  |
| マネジメント面 |  |  |

第5章　内部分析

# 内部分析・診断について

この節では、現状を認識する上で重要な内部分析・診断の手法について整理します。それぞれの手法について、次節以降で説明していきます。

## ◆ 内部分析・診断の種類

**内部分析**には、様々な角度からの調査・分析が必要です。そこでまず、どのような種類があるのか、から述べていきます。

### ❶ビジネスモデル分析

**ビジネスモデル**とは、「誰に」「何を」「いつ」「どこで」「どのように」販売するか、といった基本的なビジネスのやり方を意味します。ビジネスモデルは、対象顧客に触れる部分であり、業績向上の鍵を握っている重要な部分です。ビジネスモデル分析では、特に競合との違い、自社の特徴、強み、そして課題などを明確化します。

### ❷各種データ分析

自社の状態を定量的側面からつかみます。売上・利益・部門・商品・拠点（エリア）・顧客など、あらゆる角度からデータを分析し、伸びている部分、逆に大きく落ち込んでいる部分、また、一見しただけではなかなか見えにくいそれらの関係性などを明確化していきます。定量的なデータは、どのように見るか、分析するかで、その持っている価値が大きく変わります。

### ❸内部マネジメント分析

ここでいうマネジメントとは、経営の目的・目標に沿ってデザインされたビジネスモデルをどのような形で動かしていくか、といった、組織デザインや従業員への働きかけの部分です。同じようなビジネスモデルであっても、組織の形や従業員の動かし方によって内容は大きく変わってきます。「企業は人なり」といわれながら、実に曖昧で分かりにくい部分の強みや課題を明確化するのが、この**内部マネジメント分析**です。

## 内部分析の種類（5-2-1）

| ビジネスモデル分析 | 商流・金流・情報流などの基本的なビジネススタイルにおける強み・課題を分析 |
| 各種データ分析 | 定量的データをもとに、特に伸びている部分、効率のよい部分を明確にする |
| 内部マネジメント分析 | 内部の組織状態やマネジメント手法、従業員のモチベーション状態などを把握する |

各種の内部分析を行い、その企業の「強み」と「課題」を明確にすることが目的となる。

第5章　内部分析

# ビジネスモデル分析・診断①

この節からは、ビジネスモデルについての調査実務を述べていきます。ビジネスモデル調査は、内部分析における中核となる調査です。

## ◇ ビジネスモデルについて

**ビジネスモデル**とは、簡単にいうと「誰に」「何を」「いつ」「どこで」「どのように」販売するか、というものです。ただし、これは一般に商品の流れを表した「商流」といわれるものです。これ以外にもビジネスモデルを構成するものとして、物の流れを表す「物流」、お金の流れを表す「金流」、これらの流れに応じて発生する「情報流」があります。正確には、これらの4つの流れを包含したものをビジネスモデルといいます。

---

❶商流（何を誰にどのように提供するか）

❷金流（お金の流れはどのようにするか）

❸物流（物の流れはどのようにするか）

❹情報流（情報の流れはどのようにするか）

---

ビジネスモデルの分析・診断は、企業によるモデルの違いを明確化し、「どこが強くて、何が弱いのか」、「一般企業や競合企業のモデルとはどこが違うのか」といったことをチェックするために実施します。図5-3-2は、ビジネスモデル分析をまとめるシートです。

### ビジネスモデルとは（5-3-1）

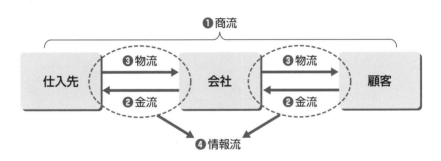

## ビジネスモデル分析総括シート（5-3-2）

| | 現状と課題 | 強み・一番領域 |
|---|---|---|
| 商品・価格・品揃え | | |
| 商圏・立地・展開力 | | |
| 対象顧客 | | |
| 販促・広告 | | |
| 営業（接客） | | |
| 情報管理 | | |
| 金流 | | |
| 物流 | | |

第5章　内部分析

# 内部分析
# ビジネスモデル分析・診断②

ここでは、ビジネスモデル診断の進め方（4つのステップ）について説明します。

## ◇ビジネスモデル診断ステップ

それではここから、ビジネスモデル診断の手法やそのステップに入っていきます。ビジネスモデル診断の4つのステップは次のとおりです（図5-4-1も参照）。

### ❶基本ビジネスモデルの把握

内部分析においては、まず、業界の基本ビジネスモデルを理解する必要があります。業界の標準的なビジネスモデルのポイントを知るには、他社の状況を知っておく必要があります。この把握ができていないと、自社のビジネスモデルも本当の意味で理解できません。

### ❷自社のビジネスモデルの把握

その上で、自社のビジネスモデルをチェックします。

その際は、商流・物流・金流・情報流に分けてチェックする方法を用いることで、より明確となり、分かりやすいでしょう（5-5節）。また、メーカーにおいては、サプライチェーン分析手法による把握も有効です（5-6節）。

### ❸業界ポジショニングマップの作成

次のステップとして、業界の主なモデルと自社のモデルの違いが明確になるように**ポジショニングマップ**をつくります。ポジショニングマップは、縦軸に売上規模（もしくは営業利益）、横軸にビジネスモデルをとるなどして、自社及び競合やベンチマーク企業をプロットし、モデル別の差を見るなど、状況に合わせてつくります。これにより、現在、好調な企業とそうでない企業、そして、自社の位置づけというものを明確化します。

**❹自社のビジネスモデルにおける強みと課題の把握**

　最後に、改めて自社のビジネスモデルにおける「強み」の部分と「課題や弱み」の部分を明確化します。

　次の２つの節では、ビジネスモデル診断についての具体的な説明をします。

## ビジネスモデル診断ステップ（5-4-1）

**1** 業界の基本ビジネスモデルを把握する

**2** 自社のビジネスモデルを把握する
※商流・物流・金流・情報流チェック法
※サプライチェーン分析手法

**3** 業界ビジネスモデルにおけるポジショニングの明確化
※ポジショニングマップの作成

**4** ビジネスモデル上の強みと課題の明確化

「※」は分析方法

　内部診断における核となるのが、このビジネスモデル診断です。
　ビジネスモデルを知ることは、その企業のビジネスの全体像を把握するのと同等であることを覚えておいてください。

# 5 ビジネスモデル分析・診断③

ここから、ビジネスモデルをどのように把握し、診断していくか——という具体的な手法に入っていきます。

## ◇ ビジネスモデル診断は分解することが基本

先述のとおり、ビジネスモデルの基本的な診断の仕方としては、**商流**（何を誰にどのように提供するか）、**金流**（お金の流れはどのようにするか）、**物流**（物の流れはどのようにするか）、**情報流**（情報の流れはどのようにするか）のように、要素を分解してみる方法が分かりやすいでしょう。

また、メーカーなどは、仕入れから製造、販売までの一連の流れを見るサプライチェーン分析手法も有効です（この手法については次節で説明します）。

## ◇ 商流を診断する

ここでは、商流・金流・物流・情報流に分解する方法の中で、最も基本的な商流について解説します。

商流の基本は、商売の基本と置き換えてもよいでしょう。商売とは、「誰に」「何を」「いつ」「どこで」「どのように」販売するか、ということです。それぞれの診断ポイントを図5-5-1に示します。

### 商流診断のポイント（5-5-1）

| 基本項目 | 診断ポイント |
|---|---|
| 誰に | 対象顧客ターゲット（より詳細にチェック） |
| 何を | 販売する商品とその価格 |
| いつ | その場で、もしくは注文受注など |
| どこで | 店舗やネット、営業所の展開。また、その規模・形態など |
| どのように | 販売手法、営業手法<br>また、対象への認知方法（販促・広告宣伝など） |

　この診断ポイントを見ていると、当たり前のように思われるかもしれません。しかし、この当たり前のことが、ビジネスモデルの違いを生みます。

　例えば対象顧客——これは企業によって重要なポイントです。一般顧客向け事業では、エリア、年齢、性別、ライフスタイル、年収など、対象者によって売れる商品もまったく変わってきます。企業向け事業でも同じです。企業規模、エリア、対象業種などは多岐にわたります。この対象顧客が明確でない企業の多くは、業績の悪い会社です。

　対象顧客によって、商品MD（商品アイテムや価格帯）もまったく異なるものとなります。また、小売業においては、「どこで」が非常に重要なキーワードとなります。立地や売場面積という要素は、いったん決定すると簡単に変更することができないため、極めて重要度の高い戦略的事項です。小売・サービス業のビジネスモデルは、この「どこで」という要素で成否が決まる確率が非常に高いのです。

　それ以外にも、販売手法や認知手法（広告宣伝や販売促進のプロモーション手法）、そして販売手法に含まれますが「いつ販売するか」（予約販売、現品販売ほか）などの販売・営業戦略も重要です。

　なお、商流の診断には、**マーケティングの4P**（1961年にアメリカのE.J.マッカーシーが提唱した、製品〈Product〉、価格〈Price〉、プロモーション〈Promotion〉、流通〈Place〉でマーケティングを分類する手法）を用いても問題ありません。

第5章　内部分析

## マーケティングの4P（5-5-2）

Target　誰に？

Product　商品・製品
Price　提供価格
Place　立地・面積・利便性
Promotion　広告宣伝・販売促進

# ビジネスモデル分析・診断④

ビジネスモデルの4要素による診断のほかに、サプライチェーンによる診断手法もあります。ここでは、その手法を紹介します。

## ◆ サプライチェーンとは

**サプライチェーン**とは、供給網のことを指します。供給者から消費者までを結ぶ、開発から資材調達・製造・配送から販売（卸や小売業者も含む）までの一連の業務のつながりのことであり、供給業者、メーカー、物流業者、販売業者、消費者などが、総合的に関係しています。

## ◆ サプライチェーン分析手法

サプライチェーン分析は、ビジネスモデルを把握する最適な方法の1つとなります。特にメーカー系や小売事業者でもSPA事業者（製造から販売までを統合した垂直統合 型事業者）などは、このサプライチェーン分析手法が向いています。

サプライチェーンにおける各工程一つだけを見ていると、特徴がつかみにくいかもしれません。しかし、一連の流れをつないで分析することにより、どこに特徴を置き、"全体として"どのような強みや特徴を持っているかということが明確になります。

特に最終のエンドユーザーには、その企業に対してどのようなブランドイメージを持っているか、ということも重要となります。例えば、「あそこの企業は、顧客ニーズに合わせた製品化のスピードが速い」や「少数多品種の製造力が強い」「コスト競争力が強い」などです。

このエンドユーザーが感じているメリットを創出するためにサプライチェーンの流れの中で、どのような特徴、ポイント、工夫があるのか、といったことを明確化します。これが差別化要素ともなります。

以下の図5-6-1は、サプライチェーン分析によるビジネスモデルの違いを明確にするときの簡単なフォーマット例です。競業やベンチマーク先企業と比較してみてください。

## サプライチェーン発想によるビジネスモデル比較フォーマット（5-6-1）

| 流れ | 商品開発・原料調達 | 製造 | 在庫・物流 | マーケティング | アフター・資金回収 | 顧客が受ける印象 |
|---|---|---|---|---|---|---|
| 自社 | | | | | | |
| 競合A社 | | | | | | |
| ベンチマーク企業 | | | | | | |

第5章　内部分析

# 7 内部分析

## 各種データ分析・診断①

この節からは、自社の販売・売上に関連する各種データの分析手法について説明します。

### ◇ 各種データ分析の目的

内部分析・診断は、常に事実に基づいて行われます。そして、最も分かりやすい事実の1つがこの販売関連データです。

そこでまず考えていただきたいのは、データの持つ意味です。企業は全て「顧客からの売上で成り立っている」ということです。つまり、販売データは「経営の結果」であり、「企業の生命線」だということです。

例えば、社員が「この商品はよく売れている」と言ったとしましょう。しかし、その商品の粗利率は低く、販売経費などを考えると、利益にほとんど貢献していないということもよくあります。つまり、その商品は、集客商品にはなっているけれども、収益商品にはなっていないということです。こういったことをデータ分析でしっかりつかんでおかなければ、適切な内部分析・診断はできません。データは自社の現実を表しています。

そして、データ分析の最大の目的は、数字上から見える自社の強みと課題の抽出にあります。

現状を把握して強みと課題の抽出を的確に行うためには、基本的な分析の視点を知っておく必要があります。

各種データ分析の目的（5-7-1）

| 売上・販売に関する各種データ | 上手な分析手法 素早い分析手法 | 事実から浮かぶ実態、事実から見える企業の強みと課題を把握 |
| --- | --- | --- |

## ◇ 各種データ分析における着眼点

　各種データ分析において特に注意して見ていただきたいのは、「伸びている」部分です。伸びているということは、既存の顧客に評価されている、もしくは時流に合っているということです。船井総合研究所ではマーケティング上、この「伸び」を「ツキがある」として重視します。ですので、「何が伸びているのか」については綿密にチェックしてみてください。

　それらの分析結果は、図5-7-2の分析総括シートを活用してまとめてください。

第5章　内部分析

### 各種データ分析総括シート（5-7-2）

| | 現状と課題 | 強み・伸びている領域 |
|---|---|---|
| 商品、商品群 | | |
| 価格帯 | | |
| 部門 | | |
| 営業拠点、エリア | | |
| 顧客 | | |

# 各種データ分析・診断②

この節からは、具体的なデータ分析手法について述べていきます。

## ◇ 各種データ収集の内容

　自社のデータは、企業の中に様々な形で存在しています。今日では、マスターデータとして、情報がデータベースに一括で蓄積されます。しかし、それをどのように活用し、何をチェックしていくかは、その企業の考え方により変わってきます。

　経理や財務に直結するデータは、常に取り出せるようになっています。しかし、販売に関連するデータは、多くの企業において活用されずに眠ったままになっています。そのため、データ収集をする際にも、ズバリといったデータはなかなか出てこないと思った方がよいでしょう。

## ◇ 自社が常に抽出しているデータにも注目する

　筆者はよく、再生関連の仕事に携わります。再生となる企業の多くは、まず、販売に関連するデータがほとんど重要視されていません。例えば、小売チェーン店の再生案件では、商品に関するデータがほとんど社内で分析されていないという事実に突き当たります。データベースには蓄積されているものの、それが活用されていないのです。ひどいところになると、商品ごとの粗利も明確に把握されておらず、どの商品が伸びているかも分析されていません。そのため、現場の感覚だけで運営されているのです。このやり方は、現場の経営意識が高ければうまくいくこともありますが、多店舗展開している企業では、どこかで必ず運営が破綻します。

　そこで、企業分析（自社の内部分析でも同様です）の場合、どのような販売データの指標を常にチェックしているかも注意してみてください。それにより、その企業の運営に対する意識、重要視しているポイントが分かります。例えばコンビニなどは、単品まで売れ行きを日々管理し、売れない商品は導入後1〜2週間ですぐに撤去してしまいます。

　こういったことは、企業の運営方針に直結してくる問題です。常にチェックしているデータは、その企業の現場で日々、何が重要視されているかを示していると思ってください。企業分析では、そのような観点でも企業体質を見ることができます。

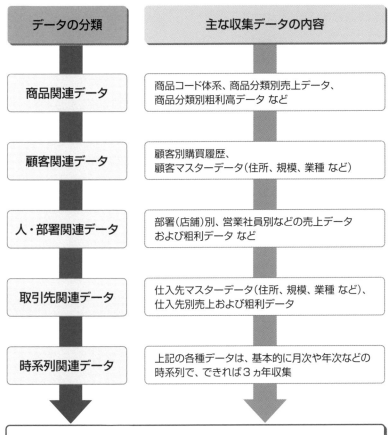

## 収集データの内容（5-8-1）

| データの分類 | 主な収集データの内容 |
|---|---|
| 商品関連データ | 商品コード体系、商品分類別売上データ、商品分類別粗利高データ など |
| 顧客関連データ | 顧客別購買履歴、顧客マスターデータ（住所、規模、業種 など） |
| 人・部署関連データ | 部署（店舗）別、営業社員別などの売上データおよび粗利データ など |
| 取引先関連データ | 仕入先マスターデータ（住所、規模、業種 など）、仕入先別売上および粗利データ |
| 時系列関連データ | 上記の各種データは、基本的に月次や年次などの時系列で、できれば3ヵ年収集 |

　上記データは、単体で保存されているものもありますが、多くはマスターデータに登録されており、分析者が適切な指示を出さなければデータは出てきません。そのため、分析者から明確な指示を出してください。
　また、現場が常にチェックしている販売関連データを提出してもらってください。そうすることで、自社の現場が重要視している指標が分かり、商売に関する考え方や思考法も分かります。

# 各種データ分析・診断③

ここでは、企業の販売にまつわるデータを分析していく手法や切り口を、より具体的に説明します。

## ◇ データ分析手法

次に、先ほど集めた販売関連のデータに対して分析を実施します。そこで、分析において知っておいた方がいいテクニックと考え方を説明していきます。この考え方を知っておくと、自社の状態を的確に把握することが可能となります。

まず、分析においては、どのような"軸"（切り口）でデータを切っていくか、が重要です。それによって、同じデータでもまったく違った分析結果となります。

データの切り方は、主に次の5種類程度に分けることができます。

- **分類軸を使う** ……………… プロセスやくくりなど分類という切り口
- **2軸での分類を使う** ….… 分類軸を組み合わせるという切り口
- **比較軸を使う** ……………… ベンチマークや社内での比較という切り口
- **時間軸で使う** ……………… 時間軸の変化という切り口
- **関係軸を使う** ……………… データ間の関係性（相関性）という切り口

分析の軸 〈切り口〉 (5-9-1)

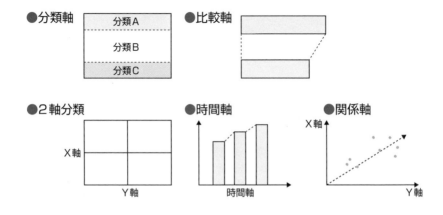

## ◇ データはひと目見て分かるように加工する

　もう1つ、データ分析において重要なことは、誰でもひと目見て分かるように加工する、ということです。そのためには、必ずビジュアルな図や表の形に加工しなければなりません。数字の羅列は意識に残りにくいのですが、図などに直すと意識に残ります。つまり、見せ方ひとつで相手に与える印象は大きく変わります。逆にいえば、見せ方を間違えると重要視するポイントもズレてくる、ということです。

　データ分析は、分析する切り口が重要ですが、その次に重要なのは見せ方だということも覚えておいてください。

　データで人を欺くことさえ、いくらでもできます。そのため、データの見せ方ひとつで、その会社の方向性も変わる可能性があるのです。

### データ分析のチェックポイント（5-9-2）

**①** 集めるべきデータをまず整理すること。
どのようなデータを集めるかで、当然、分析結果は変わってくる。

**②** 自社のデータベースはどのようになっているか？

**③** 自社が常にチェックしているデータは何か？
そこから、自社の重要視しているものが読み取れるか？

**④** データの分析において、どのような切り口で攻めるか？

**⑤** データは、図表の形で見やすくなるように心がけること。

# 内部マネジメント分析・診断①

この節からは、内部マネジメント分析・診断の手法を解説します。

## ◇ マネジメントとは

**マネジメント**とは、会社のビジョンを達成するため、あるいはビジネスモデルを運用していくために、組織でどのように役割分担をし、モチベーションを上げながら、その目的を達成していくか、ということです。

マネジメントといっても、その中身には様々なものが含まれていますが、大きく3つに分類できます。

- 組織関連…組織とその機能・組織デザイン、要員計画など
- 人事関連…評価、賃金、昇進、昇格、採用、教育など
- モチベーション関連…従業員満足、会社・仕事への思いややる気

「組織関連」とは、会社を機能的に動かすための組織のあり方です。組織を機能的に動かすには、組織図に加えて、それぞれの部署が担うべき役割や責任を明確にしなければなりません。そのための組織のあり方を**組織デザイン**とも呼びます。

そのほかに、戦略に合わせた人の増減計画である要員計画なども重要な要素です。

「人事関連」とは、責任と権限に対応した評価のあり方、賃金や賞与、昇進・昇格などの人事まわりのことです。また、それ以外に採用、人材教育のあり方や仕組みなど、実際の組織戦略に基づいたオペレーションの部分を指します。

最後に「モチベーション関連」は、上記に含まれない「人の意識」です。組織を構成している人のやる気、会社や仕事に対する思い、などの部分です。

この大きく3つの要素がどのようになっているのか、それが自社全体の経営に対してどれくらいのインパクトを与えているのか、を診断するのが内部マネジメント分析です。

## ◇ マネジメントにおける課題

　今日の会社経営において、多くの経営層が重視し悩んでいる項目が、人のマネジメントに関わる問題です。それほど重要視されていながら、実は、人のマネジメントがなおざりにされている会社も多くが見られます。

　それには、理由があります。マーケティングやビジネスモデルは、問題があるとただちに業績悪化につながるため、すぐに対策がとられます。一方、マネジメントは、現状のままでも運営はできており、しかも、変えたからといって、すぐに業績向上につながるかというと、そうではありません。そのため、どうしても対応が後手後手となり、知らず知らずのうちに経営に悪影響を及ぼします。そういった見えない部分を可視化する手法を、次節以下で展開していきます。

内部マネジメント分析の種類（5-10-1）

| 組織関連 | 「会社を機能的に動かすための組織のあり方が、どのようにデザインされているか」を分析 |
| 人事関連 | 「組織がどのようにオペレーションされているか」という仕組みを分析 |
| モチベーション関連 | 組織や機能、仕組みには含まれない、「実際に働く人たちの意識がどのようになっているか」を分析 |

マネジメントは目に見えにくく、経営に対する影響も数値化しにくい。それを可視化するのが内部マネジメント分析である。

第5章　内部分析

## 内部マネジメント分析総括シート（5-10-2）

　内部マネジメントについての各種分析は、このシートにあるとおり「現状と課題」「強み」の部分に分けます。

| | 現状と課題 | 強み |
|---|---|---|
| 組織 | | |
| 職務 | | |
| 責任・権限 | | |
| 要員体制 | | |
| 予算管理 | | |
| 賃金制度 | | |
| 評価制度 | | |
| 教育制度 | | |
| 会議体 | | |
| その他<br>マネジメント | | |

## COLUMN 「やる気の法則」で業績を伸ばす

　船井総合研究所には、$1:1.6:(1.6)^2$ の**やる気の法則**というものがあります。

　「これをヤレ」と命令されたときの効率を1とした場合、「確かにその内容を実施しないとまずい」と本人が納得したときの効率は、同一人物において1.6倍にまでなります。さらに、その実施内容を「自らが参画して実施すべきだ」と決めたときの効率はいっそう向上し、$(1.6)^2$、つまり約3倍近くにまで跳ね上がる——というものです。

　皆様も、このような経験がありませんか？　親などから自分にとって納得のいかないことを強制されたとき、やる気は出ないですよね。できればやりたくない、と思うはずです。でも、自分がしたいと思ったことならば、誰しも熱中し、時間も忘れるほどになった経験があるはずです。それは仕事であっても同じです。

　組織を一体化させて業績の向上を図るためには、メンバーにどのように組織運営に参画してもらうか、がポイントとなります。それがリーダーの腕の見せどころです。

　そのために、目標設定に際しては、極力、自主性を重んじることです。できれば、まず自分自身で目標設定をさせてみることです。ただし、この目標設定には訓練が必要です。目標設定の未経験者は、実施不可能な目標を設定する人と、その人の能力以下の低い目標を設定する人に分かれます。それをそのままほったらかしにするのではなく、相手が理解し、納得するまで、一緒に目標設定をしていきます。そうして、極力、自分でつくった目標だという意識を高めることです。

　仮に目標が上から命じられたものであっても、信頼関係ができていて、本人がその目標の重要性を認識してさえいれば、メンバーは、放っておいても自主的に動いてくれます。たとえ十分には納得できなくても、「リーダーがそう言うんだったら仕方ないか。協力しよう」となるはずです。

# 11 内部マネジメント分析・診断②

この節からは、マネジメントについての見方と分析・診断・活用をテーマとして解説していきます。この節ではまず、組織分析について述べます。

## ◇ 組織分析とは

自社の組織を分析するにあたっては、組織がどのような構成になっているのかを知っておく必要があります。

そのための分析キーワードは、「**二重構造**」です。機能としての側面、およびその機能の中で働く人の側面がどのようになっているか、です。

- 組織機能
- 階層と役割、責任・権限（職務分掌）

1つ目は「組織機能」の問題です。すなわち、ビジョンや理念を体現した組織となっているか？　ビジネスモデルを支える組織機能が組まれているかどうか？といった組織の大枠の問題です。この大枠ができていないと、根本的に機能不全に陥ります。

もう1つが、「組織の中で働く人がどのような職階に分かれ、責任や権限を持っているか」という部分です。上述のような組織の大枠ができていても、組織がその目的どおりに動くためには、役職などの責任・権限が明確化されていなければなりません。

この2つをうまく組み合わせることを**組織デザイン**と呼びます。企業における組織デザインの重要性は、特に従業員数と正比例の関係にあります。従業員数が少ないときは、組織デザインについてあまり考えなくても、トップあるいはトップ層数人で管理すればよいでしょう。その方が、小さい組織のスピード性をいかんなく発揮できます。

しかし、人数が多くなると、トップの思いや意思が組織全体に伝わらなくなります。そうなると、組織機能が非常に重要となります。船が大きくなればなるほど、舵をきってから方向転換が始まるまでに時間がかかるようになるのと同じです。機能分化をさせすぎると、今度は、変化への対応が難しくなります。こういったところを見極めるのが、内部マネジメント分析のひとつのポイントだといえるでしょう。

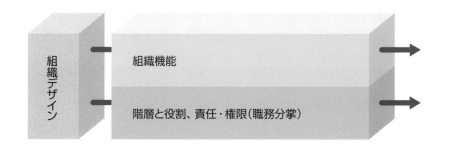

組織の二重構造（5-11-1）

組織デザイン

組織機能

階層と役割、責任・権限（職務分掌）

## ◇ 組織レベルとマネジメント施策

　もう1つ、マネジメントに関して、知っておくとスムースに分析できるノウハウがあります。それは組織のレベル、組織の成熟度というものです。

　どのような組織にも、レベル（水準）というものがあります。**組織レベル**は、社員の数と質、経営者の思いなどによって変わります。それを表したものが図5-11-2です。

　この組織レベル表は、コンサルティングの現場で、マネジメント施策を考えるときの重要な目安としているものです。レベルによって、実施すべき人事策はまったく違ったものとなります。例えば、目標管理制度というものがあります。これは、自らが目標を設定し、それに基づいて評価していくものです。

　しかし、これは基本的に第三水準以上の組織で有効に機能します。第一水準の社員は、もともと働く意欲も会社への帰属意識も低いため、目標設定を自ら行わせるこの制度では、非常に簡単な目標か、逆に達成不可能な高すぎる目標を設定するなど、本来の目標管理がうまく機能しない事態を招きます。このように、組織レベルに応じてマネジメント施策も変わります。

　また、組織のレベルを知ることで、従業員モチベーションを知るための手がかりにもなります。一般的に、組織レベルが上がるほど、従業員のモチベーションは高まります。簡単にいうと、上位になるほど従業員自らのセルフモチベーションがかかり、高いモチベーションを維持しやすくなります。

　組織にはそれぞれレベル（水準）があり、そのレベルに応じた人材が集まってきます。そのため、その集まってくる人材レベルに応じたマネジメント施策を行う必要が出てきます。

| 項目 | 社員像 | ポイント |
|---|---|---|
| 第一水準：<br>教育型組織<br>（イヤイヤ型組織） | ほかに行き場があまりない社員<br>基本的"躾（しつけ）"ができていない社員 | この表現は少しキツイかもしれないが、社会的常識や躾がほとんどできていない社員が多く入ってくる組織。そのため、仕事を教える以前に"人間としての常識"を徹底的に叩き込む必要がある。それをしないと、不正や社員の離職が止まらないといえる。 |
| 第二水準：<br>管理型組織<br>（まじめ型組織） | 言われたことは確実にこなすが、それ以上ではまったくない社員 | この段階の社員の多くは、会社で決まったルールは守り、言われたことはまじめに確実にこなす。しかし、自分で考えて動く社員、どんどん提案する社員などはあまり出てこないレベルでもある。 |
| 第三水準：<br>自主型組織 | それぞれの立場という一定枠内で創意工夫をする社員 | このレベルでは、それぞれの立場に応じた枠内で、それぞれの社員が創意工夫をする集団となってくる。このようなレベルになると、トップ層の方向性や戦略が間違っていなければ、成長が見込める。 |
| 第四水準：<br>創造型組織<br>（タレント型組織） | 創造する社員 | 自らが新しいものを生み出していく力を持った社員・集団となる。社内はチャレンジ精神にあふれ、自由で活気のある社風となりやすい。その一方で、社員の離職率は高くなる傾向がある。 |
| 第五水準：<br>自己実現型組織 | 自分のしたいことを全力でやっている社員<br>仕事が楽しくてしかたがない社員 | 組織構成員のそれぞれが、自分の本当にしたいことを実施し、しかもそれが会社の方向性に合致し、また、世の中のためになり、売上も上がるような組織。 |

COLUMN　**情報格差をなくして業績を向上させる**

　組織を一体化させて業績の向上を図るには、**情報格差**をなくすことも重要です。同じ情報を共有し、それをもとに考えることで、チームの一体化が進み、信頼関係もより強固なものとなります。メンバー全員が同じ目的や目標を持ち、それを成し遂げるための情報を共有することにより、目標達成のための行動をどうすべきか、各人が考えようとする風土ができてきます。

　筆者がコンサルタントとして関わった企業を見ていると、小規模なままとどまっている企業ほど情報は非公開にされており、逆に伸びている企業ほど情報公開を盛んに行っている傾向があります。それが明確に現れるのが「**財務情報**」です。公開企業は、当然、誰であってもこの情報を手にすることができますが、非公開企業はそうではありません。そこに会社の姿勢が出ます。

　また、組織内において、上司と部下の間には、2つの情報格差が存在しています。1つは、組織のヒエラルキー（階層）からくる情報格差です。この情報格差をリーダーが極力なくそうと意識するかどうかが鍵です。

　組織において、上の階層に行くほど、経営の中枢情報に接する機会が増えます。組織では当たり前のことであり、それをもって上司の能力が高いということには決してならないのですが、そこを勘違いして、メンバーに伝えるべき情報も伝えない人が多く見られます。そして、「自分は情報を知っている」というのを自慢する人がいます。それは何の意味もないばかりか、組織の一体化を阻むという大きな実害をもたらします。会社のトップシークレット的な情報は除いて、リーダーはメンバーに会社の情報をできるだけ伝える義務があります。

　さて、もう1つの情報格差は経験からくるものです。リーダーは概して、仕事上の経験をメンバーよりも多く有しています。本来は、その経験から得られた情報を積極的にメンバーに伝えていくべきです。そうやって情報格差をなくす努力を続ければ、一体化の度合いが強まり、業績も向上していきます。

# 内部マネジメント分析・診断③

組織において、人事制度は従業員の意識に働きかける重要な制度です。そこで、この人事諸制度をどのように見るのかをお伝えします。

## ◇ 人事制度分析の目的

人事制度の分析をするには、まず、人事制度の構成要素と、それぞれの制度の目的を知らなければなりません。

"人事制度は、組織を構成している人の大きなモチベーション源泉の1つである"ということを理解してください。評価や賃金・賞与などのあり方により、そこで働く人が何を重要視するか、意識がどこに向かうか、などをある程度コントロールできるということです。

例えば、昇進・昇格や賃金・賞与が本人の売上に完全連動する形をとったとしましょう。そうなると、誰もが自分自身の売上に執着し、それ以外の、例えば協調性や部下を育てるといったことには興味を持ちにくくなるでしょう。

逆にいうと、各従業員について、それぞれの役割や会社が向かう方向性に沿った頑張りなどを適正に評価し、人事に反映することができれば、企業の理念やビジョンの実現、目標達成に向けて、従業員の意識の一体化を図りやすくなるということです。

このように、人事制度の分析において認識しておかなければならないのは、制度が従業員の意識に及ぼす影響の大きさについてです。逆にいうと、人事制度を的確に分析できれば、従業員の意識のあり方や一体化の度合いがある程度分かります。人事制度が会社の向かう方向とズレていると、従業員の意識ベクトルが統一されず、力が分散されてしまうことになります。

実際にあったある車販売会社の事例を紹介しましょう。車の新車販売台数が減少している中、トップは、車販売はもちろんのこと、サービス（例えば車検）の売上拡大の号令をかけました。しかし、その会社は一向にサービス売上が向上しません。そこで評価制度を見てみると、旧来の制度のままで、新車の販売だけが数値評価項目に挙がっており、サービス売上は評価の対象に入っていませんでした。このように、トップの方針と評価制度の間にズレがあると、現場はかえって混乱し、組織の一体化を損なう危険性が出てきます。方針と制度のズレがないかどうかも、重要なチェック事項として捉えてください。

## ◇ 人事制度の種類とポイント

人事制度とひと口にいっても、様々な制度があります。そこで、人事制度の種類とそれぞれのポイントを図5-11-1に示しておきます。

### 人事制度の種類とポイント（5-11-1）

| 項目 | チェック事項 | ポイント |
|---|---|---|
| 各種賃金制度 | 賃金水準 | 年齢別、勤続年数別などの水準を見る。実態としての年功や能力での賃金バラつき、諸手当や残業代と固定部分のバランスなどのチェック |
| | 賃金分析 | 賃金テーブル、賃金の上がり方、等級や役職などによる賃金格差などのチェック |
| | 賃金制度 | 各種賃金規定に基づくチェック |
| | 賞与制度 | 賞与算定の仕方、賞与の原資となる部分の考え方（「経常利益の〇%」など） |
| | 退職金制度 | 退職金制度の有無、退職金の将来リスク、制度内容を確認する |
| 評価制度 | 評価制度 | 各種評価帳票による評価指標のチェック、評価段階（本人、上司など）、評価のフィードバック、評価による賃金や賞与への影響度合いと差の出方などのチェック |
| | 目標設定 | 目標設定の仕方、手順、実態のチェック |
| 昇進・昇格制度 | 昇進・昇格制度 | 昇進・昇格規定の内容（どうすれば昇進・昇格するかの規定）、実態のチェック |
| 各種教育制度 | 各種教育制度 | 能力別や役職別の教育制度の有無と実態　教育の内容などのチェック |

# 内部マネジメント分析・診断④

次に、従業員のモチベーションそのものに対する診断の仕方を述べていきます。

## ◇ 従業員モチベーションの重要性

これまでは、各種制度から、その会社の風土やモチベーションに関わる部分を
チェックしてきましたが、ここでは、従業員のモチベーションを直接的にチェックす
る方法を説明します。

当然ですが、従業員のモチベーションは、会社の売上に大きな影響を及ぼします。
従業員のモチベーションが上がるだけで、売上は5%から最大20%くらいまで簡単
に上がります。逆に、モチベーションが下がれば売上ダウンにつながります。また、
従業員が会社の目的やビジョンに向かって一体化しているかどうかも重要です。モ
チベーションが高くても、それぞれがバラバラに努力していれば、かえって売上が
ダウンする原因ともなります。

そこでここでは、モチベーションのあり方およびその方向性（従業員ベクトルの
方向性、つまり一体化度合い）をチェックする方法について説明します。

## ◇ 組織成熟度とモチベーションの関係

**組織成熟度**は5-11節で組織レベルと呼んでいたもので、組織構成員のモチベー
ションを見分ける簡単な方法の1つです。会社の組織成熟度は、大きく4つのレベ
ル（水準）に分けることができます。

それぞれのレベルにおける従業員のモチベーションは、図5-13-1のようになり
ます。

組織の成熟度に応じ、水準が上がるほど、基本的に人のモチベーションは高まり
やすく、セルフモチベーションの高い人が集まってきます。一般的にいって、第一水
準は小規模零細企業が多くなります。第二水準は中堅企業、第三水準は公開企業ク
ラス、第四水準（第五水準含む）は超優良と呼ばれている企業になります。まったく
このとおりかというとそうではありませんが、モチベーションレベルを見抜く1つ
の手がかりにはなるでしょう。

| 組織成熟度とモチベーションの関係 (5-13-1) ||
|---|---|
| **組織成熟度** | **従業員のモチベーション** |
| 第一水準（イヤイヤ型） | この水準の企業には、「仕事は極力したくない」「できるだけ楽をしたい」という層が集まりやすい。 |
| 第二水準（まじめ型） | 言われたこと、指示されたことに関してはまじめに働くが、それ以上ではなく、自ら進んで働くことはない。 |
| 第三水準（自主型） | 自分の責任・業務範囲内で自ら工夫をして、働く。 |
| 第四水準（創造型） | 新しいことにもどんどんチャレンジし、仕事に対する意欲も非常に高い。 |

第5章
内部分析

## ◇ 一般的なモチベーションチェックの方法

　従業員のモチベーションを推し量る方法として一般的なものに、従業員のヒアリングやアンケートによる**モラールサーベイ**という方法があります。

　この方法により、従業員のモチベーションの高さや不満の内容などを知ることが可能です。先述の組織成熟度や組織間ストレス（5-14節）の状況も、この方法によってほぼ見抜くことが可能となります。

　また、事故率やクレーム率、ロス率といったミスに関するデータは、従業員モチベーションを見分けるのに有効なデータともなります。根本的な仕組みの問題はありますが、一般的にいえば、従業員モチベーションが下がるとトラブルが起こりやすくなります。そのことが様々な数字となって表れてきます。ミスや事故、クレームなどは、従業員の意識低下によって起こる場合がほとんどです。ですから、この数値変化を追いかけたり、業界水準と比べたりすることで、従業員モチベーションの高低を見分ける手段の１つにも十分なりえます。

### ▼従業員のモチベーションを見分けるポイント

| |
|---|
| ミスに関するデータでモチベーションも見えてくる<br>・事故率　　・クレーム率　　・ロス率　　…etc. |

# 内部マネジメント分析・診断⑤

引き続き、従業員のモチベーションそのものに対する診断の仕方を述べていきます。ここでは、特に組織間ストレスを取り上げます。

## ◇ 組織の一体化度合いをチェックする

組織とは面白いもので、どんなに小さな組織でも、組織を分けた時点でそこには多かれ少なかれ壁ができます。そして、組織自己保存の法則というものが働きます。これは、「自分の組織を守り、できればより大きくしていくことを強く望むようになる」というものです。この各組織の方向性が、会社の向かう方向性とマッチしていれば、それぞれの組織が少々衝突していても、大きな観点で見ると問題は起こりません。

しかし、その根本の方向性自体が違うと、問題が起こってきます。この状態を「一体化不足」と呼び、従業員の力が分散されることとなります。俗にいわれる「部分最適、全体不適合」を起こす原因ともなります。

例えば、メーカーでよく起こる、**組織間ストレス**による一体化不足の例を見てみましょう。

メーカーにおいて、製造部門と営業部門はたいていの場合、組織間での大きなストレスを抱えています。簡単な話ですが、製造部門は自分たちのつくった製品に関して自信があるので、売れないのは営業努力が足りないせいだということになります。一方、営業部門の観点では、売れないのは製造部門のつくった商品に問題があるせいだということになります。

このようなことは当たり前です。そうであっても、双方が全社のビジョンや目標達成のために動いていれば、切磋琢磨し、またいい意味で牽制し合って、結果的にはあるべき方向に向かうようになります。

この組織間ストレスが適正に働いているかどうかを見分けることも、マネジメントにおける内部分析では重要なポイントとなります。

それを見分けるためには、まず、理念やビジョンの浸透度を確認する必要があります。その上で、先述のアンケートやヒアリングをもとに判断することが可能です。

## 会社の一体化度合い（5-14-1）

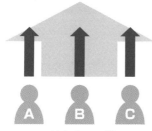

ベクトルの一致
＝一体化している状態

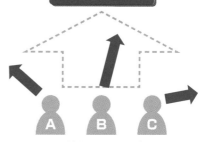

ベクトルの不一致
＝一体化不足の状態

## 従業員モチベーションを見分けるポイント（5-14-2）

**1** 従業員のやる気が売上に影響している、と現場から感じられるか？

**2** 自社の組織は、組織成熟度においてどのレベルにあるか？

**3** 従業員ヒアリングにより、モチベーションがチェックできるか？

**4** 従業員アンケート（モラールサーベイ）が可能か？

**5** 事故率やクレーム率、ロス率などの指標が高い値であるか？
また、上昇しているか？

**6** 組織間での一体化がなされているか？
（理念・ビジョンの浸透度や組織間ストレスの状況が見てとれるか？）

# 15 内部分析
# 情報システム診断

近年、急速にその重要度が増している情報システム診断について、簡単に触れておきます。

## ◇ システム診断の重要性について

　システムの現状診断は、DXが叫ばれる中、その重要性が増しています。ただし、情報システムを本格的に診断するには、ある程度の専門知識が必要となります。ここでは、専門知識がなくても実施できる診断方法の説明にとどめます。システム再構築となると、専門家による診断が必要になることもあるのでご了承ください。

　システム診断は、大別して2つの方法で実施することをお勧めします。

　①現状のシステム構成図づくり
　②現状システムのリスクやニーズ、維持費用などの整理

　以下、この2つの方法について解説します。

## ◇ 現状のシステム構成図づくり

　まずは、自社がどの領域でどのようなシステムを利用しているか、ひと目で分かる**システム構成図**づくりを実施するのがいいでしょう。そのイメージが図5-15-1です。

　まず、横軸に機能面をとります。また、縦軸にそれを利用する部署名などをとります。そこに、現状で利用しているシステムおよびそれぞれのシステムの関連性を、視覚的につかみやすいように記載していきます。

　ただし、機能と利用部署は一致することも多いので、このフォーマットにこだわる必要はないでしょう。いずれにしても、流れや利用部署などがひと目で分かる形にすることがポイントとなります。また、機能や部署などは業種によって大きく異なることも考慮してください。このシステム構成図の作成ステップは次のようになります。

　❶ 社内利用システムのピックアップ
　❷ ❶の各システムにおける利用目的・用途と利用部署の明確化

❸ システム構成図への落とし込み

❹ 基幹系システムはその用途が多岐にわたることも多く、システム内での主要機能が分かるように記載する

❺ 各部署が自主的に、表計算ソフトやクラウドのビジネスツールを用いてシステムの一部を補っている部分も、できるだけ記載する

❻ 各システムの関係性が分かるように矢印でつなぐ

❼ 社外関係者が関わる場合や他社のシステムを利用している場合は、それらも分かりやすく記載する（構成図では「社外」欄を設ける）

図5-15-1も、このステップに基づいて作成したシステム構造図のイメージです。

## システム構成図〈イメージ〉(5-15-1)

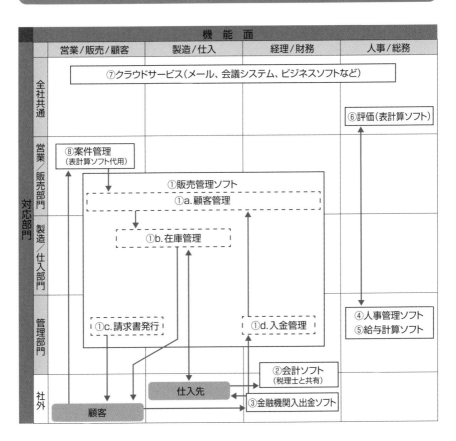

## ◇ 現状システムのリスクやニーズ、維持費用などの整理

　システム構成図と同時にシステム一覧表（図5-15-2）を作成しておきます。システム構成図の目的が全体の関連性などをひと目でイメージすることであるのに対し、「**システム一覧表**」は、リスクやニーズ、維持・保守費用などの詳細を一覧形式で把握するためのものです。この2つがあれば、現状のシステムとそのリスクやニーズなどがひと目で分かります。以下はシステム一覧表の記載ポイントです。

・各システムに番号を振っておき、システム構成図（図5-15-1）と相互に参照できるようにしてください。

・「利用種別」は、自社開発や汎用ソフト/パッケージ商品利用における専用機インストール版、またそのカスタマイズ、クラウド利用、といった形態を明記します。

・「維持・保守費」には、年間にかかる費用をできるだけ記載しておくことをお勧めします。また、「保守体制」にも別途、自社要員の場合は人件費コストがかかっていることを明記しておくと、トータルコストが見えやすくなります。

・「利用情報」には、そのシステムで取り扱っている情報の内容を明記します。顧客情報、売上情報などとなります。特に個人情報が入る場合は、個人情報保護法などの法律規制を受けるので、明記しておくことをお勧めします。

・「機密ランク」は自社で決定してください。ポイントは、法律などで規制されている個人情報、要配慮個人情報は、重要度が一番高いとするのが一般的です。さらに、絶対に漏れてはいけない自社の機密情報（例えば取引条件など）も、同等に重要度が高くなります。取引先一覧なども、機密情報としては重要度が高いので2番目のランクとするなど、自社で情報の重要度を格づけし、A・B・Cなどに分類しておくことをお勧めします。

・「リスク/課題」については、特に情報漏洩リスクを見ておきます。昨今、情報漏洩は企業の責任とされて非常に注目度が高く、情報漏洩により企業が取り返しのつかないダメージを負うこともあります。そのため、どこにリスクがあるかを明確にしておくことが必要です。

・最後に「ニーズ/その他」ですが、現在のシステムに対する不満や改善要望など、実際に利用している部署からの意見をまとめておくことで、新たなシステム構築の検討やDX戦略構築の際に役立ちます。

## システム一覧表 (5-15-2)

| No. | システム名 | 利用部署 | 主目的 | 利用種別 | 維持・保守費円/年 | 利用期間 | 保守体制 | 利用情報 | 機密ランク | リスク/課題 | ニーズ/その他 |
|---|---|---|---|---|---|---|---|---|---|---|---|
| | | | | | | | | | | | |
| | | | | | | | | | | | |
| | | | | | | | | | | | |
| | | | | | | | | | | | |
| | | | | | | | | | | | |
| | | | | | | | | | | | |
| | | | | | | | | | | | |
| | | | | | | | | | | | |
| | | | | | | | | | | | |
| | | | | | | | | | | | |
| | | | | | | | | | | | |

第5章 内部分析

## システム一覧表への記入例とその解説 (5-15-3)

システム一覧表

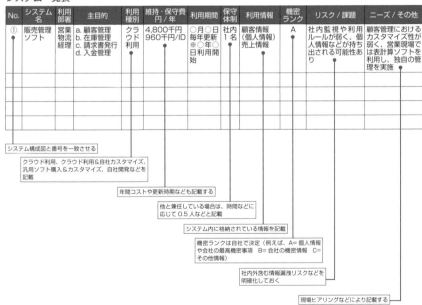

| No. | システム名 | 利用部署 | 主目的 | 利用種別 | 維持・保守費円/年 | 利用期間 | 保守体制 | 利用情報 | 機密ランク | リスク/課題 | ニーズ/その他 |
|---|---|---|---|---|---|---|---|---|---|---|---|
| ① | 販売管理ソフト | 営業 物流 経理 | a. 顧客管理 b. 在庫管理 c. 請求書発行 d. 入金管理 | クラウド利用 | 4,800千円 960千円/ID | ○月○日毎年更新 ※○年○日利用開始 | 社内1名 | 顧客情報（個人情報）売上情報 | A | 社内監視や利用ルールが弱く、個人情報などが持ち出される可能性あり | 顧客管理におけるカスタマイズ性が弱く、営業現場では表計算ソフトを利用し、独自の管理を実施 |
| | | | | | | | | | | | |
| | | | | | | | | | | | |
| | | | | | | | | | | | |
| | | | | | | | | | | | |

- システム構成図と番号を一致させる
- クラウド利用、クラウド利用&自社カスタマイズ、汎用ソフト購入&カスタマイズ、自社開発などを記載
- 年間コストや更新時期なども記載する
- 他と兼任している場合は、時間などに応じて 0.5 人などと記載
- システム内に格納されている情報を記載
- 機密ランクは自社で決定（例えば、A= 個人情報や会社の最高機密事項 B= 会社の機密情報 C=その他情報）
- 社内外含む情報漏洩リスクなどを明確化しておく
- 現場ヒアリングなどにより記載する

# ガバナンス診断について

ここでは、ガバナンス診断について説明します。

## ◇ ガバナンスとコンプライアンスについて

ESG（1-7節参照）に代表されるように、大手企業を中心にガバナンスやコンプライアンスの重要性が叫ばれるようになっています。**コンプライアンス**とは、企業が法令や規則などを遵守することを意味します。

そのため、コンプライアンスを含む社内のチェック体制、統治体制が整っているかどうかをチェックするのが**ガバナンス診断**です。

このガバナンス診断は、しっかりとした企業統治体制が求められる株式公開クラスの企業と中小企業とでは大きな違いがあり、実施すべき項目やその数も異なります。

そのため、ここでは中小企業でも参考となるガバナンス診断を取り扱っておきます。本格的なガバナンス体制を求める場合は、株式公開を目指すための管理体制と同等の、100項目を超えるチェックとその達成が必要となります（船井総合研究所のIPO支援部門ではその支援も行っています）。

## ◇ ガバナンス診断

さて、中小企業でも整えておくべきガバナンス体制とその診断方法について説明します。

図5-16-1のガバナンス診断シートをご覧ください。このシートは、自社の各種ガバナンス体制をチェックする上でポイントとなる項目を列挙したもので、項目を大きく5つに分類しています。コンプライアンス系（労務系含む）は、遵法対応できる体制にあるかどうかチェックするものとなっています。

経営管理体制は、企業運営・統治における最低限の機能をチェックできるものとなっています。会計管理体制はシンプルに2項目。特に経理上の不正を防ぐチェック体制があるかどうかは重要なポイントです。最後に情報システム管理体制となっています。

このシートに基づいて自社の現状をチェックすると、弱い部分、強化すべき部分が見えてくるので、ぜひお試しください。

## ガバナンス診断シート（5-16-1）

| No. | 大項目 | 項目 | 回答 |
|---|---|---|---|
| 1 | コンプライアンス体制 | 事業に適用される各種法律の改正含むチェック体制があるか | |
| 2 | | 過去、コンプライアンス違反が発生しているか | |
| 3 | | 社内で通報制度が確立されているか | |
| 4 | | 与信体制（反社チェックなど）は整ってるか | |
| 5 | | コンプライアンスに対する教育制度はあるか | |
| 6 | 労務系コンプライアンス体制 | 重要規程（就業規則、服務規程、賃金規程など）が整備されているか | |
| 7 | | 労働日（休日・有給など）、労働時間管理などの労働状況が常に把握されているか | |
| 8 | | 過去、ハラスメントや労務トラブル/違反が発生しているか | |
| 9 | 経営管理体制 | 重要事項はTOP決定でなく取締役会で審議、決定される体制か | |
| 10 | | 経営計画は毎年策定しているか | |
| 11 | | 計画に基づき毎月予実管理がなされているか | |
| 12 | | 投資含む一定金額以上の投資に際する社内ルールがあるか | |
| 13 | | 契約書などをチェックする体制が整っているか | |
| 14 | | 稟議に対するルールが整っているか | |
| 15 | | 部門別や事業別の損益を作成しているか | |
| 16 | 会計管理体制 | 月次決算体制があるか | |
| 17 | | 支払処理に対する牽制、チェック体制があるか | |
| 18 | 情報システム管理体制 | 情報漏洩が過去起こっていないか | |
| 19 | | 社内システムにおけるログをとれる状態になっているか | |
| 20 | | 社内システムにおけるID/PASS管理がなされているか | |

# 内部分析の総括

各調査分析が終了した時点で、内部分析の総括を行います。

## ◇ 内部分析における総合評価

　ビジネスモデル調査、データ分析調査、マネジメント調査の３つの分析から、特に重要となるポイントのみを拾い上げ、内部分析の総括として図5-17-2のシートにまとめます。内部分析のポイントは、一つひとつ確実に把握していくことです。一つひとつの状況が的確に把握できていれば、自社における「強み」と「課題（弱み）」が明確に浮かび上がってきます。

内部分析の総合評価（5-17-1）

ビジネスモデル調査
他社と比べた商流、物流、金流、情報流における特性・強みと課題

データ分析調査
社内のデータをあらゆる角度からチェックし、伸びや課題を明確化する

内部分析の総合評価

第三者的に、自社の内部状況を項目ごとに一つひとつ把握していき、内部環境をあぶり出す

↓

強みと課題（弱み）へ分解

マネジメント調査
組織やモチベーションなどの内部状況の明確化

## 内部分析総括シート (5-17-2)

|  | 強み | 課題 |
|---|---|---|
| ビジネスモデル面 |  |  |
| データ分析面 |  |  |
| マネジメント面 |  |  |

第5章 内部分析

memo

第 ⑥ 章

# 財務分析

　この章では、現状認識における3つ目のポイント「財務分析」の手法について説明します。

　企業活動の全ての結果は財務に表れます。これまでの自社の活動を数値で表すとなると、この財務に行きつきます。企業は、いくら社会に貢献できる事業をしようとしても、それを支える財務がしっかりとした状態でないと、活動が制限されてしまいます。また、財務は企業の生命線でもあり、経営計画を立てる上で絶対に無視のできない存在です。

　この重要な財務は、「収益性」「生産性」「安全性」「成長性」「キャッシュフロー」という5つの観点で分析していただきます。

# 財務分析

この章は、財務分析をまとめることを目的とします。

## ◇ 財務分析計算シート

**財務分析計算シート（6-1-1）**

| | 計算式 | （ ）期 | （ ）期 | （ ）期 | 業界標準 | ベンチマーク企業 |
|---|---|---|---|---|---|---|
| 収益性分析項目 | | | | | | |
| 【総資産利益率】 | | | | | | |
| 総資産営業利益率 | 営業利益額÷総資産 | | | | | |
| 総資産経常利益率 | 経常利益額÷総資産 | | | | | |
| 総資産対当期利益比率（ROA） | 当期利益額÷総資産 | | | | | |
| 【売上高利益率】 | | | | | | |
| 売上高対総利益率 | 売上総利益額÷売上高 | | | | | |
| 売上高対営業利益比率 | 営業利益額÷売上高 | | | | | |
| 売上高対経常利益率 | 経常利益額÷売上高 | | | | | |
| 売上高対当期利益比率 | 当期利益額÷売上高 | | | | | |
| 【経費比率】 | | | | | | |
| 売上高対販管費・一般管理費比率 | 販売費及び一般管理費額÷売上高 | | | | | |
| 売上高対人件費比率 | 人件費総額÷売上高 | | | | | |
| 売上高対広告宣伝費比率 | 広告宣伝費額÷売上高 | | | | | |
| 【株主資本利益率】 | | | | | | |
| 株主資本対営業利益率 | 営業利益額÷株主資本 | | | | | |
| 株主資本対経常利益率 | 経常利益額÷株主資本 | | | | | |
| 株主資本対当期利益比率（ROE） | 当期利益額÷株主資本 | | | | | |
| 【資産回転率】 | | | | | | |
| 総資本回転率 | 売上高÷総資本額 | | | | | |
| 固定資産回転率 | 売上高÷固定資産額 | | | | | |
| 棚卸資産回転率 | 売上高÷棚卸資産額 | | | | | |

| | 計算式 | （　）期 | （　）期 | （　）期 | 業界標準 | ベンチマーク企業 |
|---|---|---|---|---|---|---|
| **安全性分析項目** | | | | | | |
| **【資産健全性】** | | | | | | |
| 総資本対自己資本比率 | 純資産÷総資本額 | | | | | |
| 総資産対棚卸資産比率 | 棚卸資産額÷総資本額 | | | | | |
| 流動比率 | 流動資産額÷流動負債額 | | | | | |
| 当座比率 | 現預金額÷流動負債額 | | | | | |
| 固定長期適合率 | 固定資産÷（長期負債＋純資産） | | | | | |
| 売上高対支払利息比率 | 支払利息額÷売上高 | | | | | |
| 売上債権月商比率 | 債権額÷月平均売上高 | | | | | |
| 現金・預金残高月商比率 | 現預金÷月平均売上高 | | | | | |
| **生産性分析項目** | | | | | | |
| **【生産性】** | | | | | | |
| 正社員数推移 | 正社員数 | | | | | |
| 正社員換算従業員数推移 | 正社員数＋（パート・アルバイト人件費 | | | | | |
| | 総額÷正社員１人当たり平均人件費） | | | | | |
| 正社員換算従業員１人当たり加工高 | 加工高÷正社員換算従業員数 | | | | | |
| 労働分配率 | 人件費総額÷加工高 | | | | | |
| **成長性分析項目** | | | | | | |
| **【成長性】** | | | | | | |
| 対前年比売上高伸長率 | 今期売上高÷前期売上高 | | | | | |
| 対前年比売上総利益伸長率 | 今期売上総利益額÷前期売上総利益額 | | | | | |
| 対前年比営業利益伸長率 | 今期営業利益額÷前期営業利益額 | | | | | |
| 対前年比経常利益伸長率 | 今期経常利益額÷前期経常利益額 | | | | | |
| **キャッシュフロー分析項目** | 売上高総利益額÷売上高 | | | | | |
| ①営業活動による増減 | 営業利益額÷売上高 | | | | | |
| ②投資活動による増減 | 経常利益額÷売上高 | | | | | |
| ③財務活動による増減 | 当期利益額÷売上高 | | | | | |
| ④キャッシュフロー増減額 | ①＋②＋③ | | | | | |
| 今期現金・預金残高 | 前期現金・預金残高＋④ | | | | | |

＊このシートは、財務分析の主要なものをチェックできるようにしたものです。
　ただし、業界によっては、このシートの項目以外にも追加でチェックした方がよい指標があるので、
　その点ご注意ください。

　財務分析は、安全性、収益性、成長性、生産性、キャッシュフローの５項目で行います。分析数値にはそれぞれ意味がありますので、その意味をしっかり理解することから始めてください。

## ◇ 財務分析総合評価シート

財務分析総合評価シート（6-1-2）

| 収益性におけるポイント |
|---|
| |

| 生産性におけるポイント |
|---|
| |

| 安全性におけるポイント |
|---|
| |

| 成長性におけるポイント |
|---|
| |

| キャッシュフローにおけるポイント |
|---|
| |

| 総合コメント |
|---|
| |

## COLUMN 「5つの発見」で業績を伸ばす

　船井総合研究所の元最高顧問であり、創業者でもある船井幸雄は、コンサルタントとして天才的な能力を発揮しています。あるとき船井に、企業をコンサルティングするときのコツを教えてもらったことがあります。

　まず、顧客企業をはじめて訪問するときは次の5つの項目を見つけなさい、といわれました。

---

① 相手企業の長所を見つけなさい

② 相手企業が自信を持っている部分を見つけなさい

③ 相手企業の伸びているものや部分を見つけなさい

④ 時流に合っているものをその企業の中から見つけなさい

⑤ ①～④を見つけられないときは、その企業が求めているものを見つけなさい

---

　そして、この5つのうちどれかを発見することができたら、それを徹底的に伸ばすための策を提案し、実行してもらいなさい。それだけで企業の業績は伸びるものだ——。

　このように教えてもらいました。

　ただし、この5つの発見は、簡単なようで難しいものです。これができるようになるには眼力を鍛えなければなりません。言い換えれば、企業活性化の視点として、皆様の会社でも実行できるポイントです。ぜひ、自社における5つの発見をしてみてください。

# 2 財務分析について

この節からは財務分析の手法を説明していきます。
財務は企業活動の結果であり、基本となるものです。本書で取り上げるのは、財務分析において最低限押さえてほしい項目にとどめます。それだけでも十分なことが分かりますが、より詳しいことを知りたい方は財務分析の専門書をお読みください。

## ◇ 財務分析の観点

　財務は、経営の結果です。そのため、財務から分かることが実に多くあります。このあとの節では、基本的な**財務分析**を通して、自社の現状を数値的な観点から見極める方法などを説明していきます。

　次の❶〜❺は、基本的な財務分析の項目です。

❶収益性の分析
❷生産性の分析
❸安全性の分析
❹成長性の分析
❺キャッシュフローの分析

　これらの5つの観点から、基本的には決算書をチェックしていきます。

❶収益性分析では、自社が利益を生み出す力を診断します。ここが弱いと、当然ながら儲からない会社だといえますね。
❷生産性分析では、従業員が生み出す付加価値力を診断します。「企業は人なり」とよくいいますが、人を介した収益力向上の能力を自社がどれくらい持っているか、をチェックしてください。
❸安全性分析では、自社がつぶれないか、安定した財務基盤を持っているか、を診断します。当然ながら、企業の存続にとって非常に重要な指標となります。
❹成長性分析では、自社の各段階における成長度合いを診断します。
❺キャッシュフロー分析では、自社における現金・預金の動きを診断します。現金・預金がショートすると、いくら収益を上げていても倒産ということになります。

　このように、財務分析では自社を色々な角度からチェックし、数字から見た自社の強みと課題を明確化することができます。

　繰り返しになりますが、財務は経営の全ての結果です。そのため、分析した結果が悪いのであれば、経営のどこかに問題があるということです。また逆に、良いのであれば、そうなる理由があるはずです。それらを、他の分析と組み合わせながら見ていくことにより、自社の実態がより鮮明に浮かび上がってきます。

財務分析の見方（6-2-1）

経営活動　→　結果として　→　財務（決算書）

各種経営分析　　財務分析

各種の分析・診断の相互補完により、重要なポイントが見えてくる。

# 財務分析の見方について

まずこの節では、財務分析をして出てきた結果をどのように判断するか、について説明します。

## ◇ 財務分析の結果を比較する

財務分析で悩むのは、出てきた数値が良いのか悪いのか、ということです。それを判断するには、財務分析の基本をマスターし、一つひとつの数値の意味を理解する必要があります。

ここでは、自社の強み・弱みを財務分析からどのように見いだすか、について説明します。一番簡単な方法は、財務分析の結果を同業種のベンチマーク企業などと比較することです。この作業により、ビジネスモデルや運営に対する考え方の違いなどを明確化することが可能となります。

## ◇ 財務分析の利用法

例えば、図6-3-1を見てください。これは、ある飲食店チェーンの企業分析をした際の、収益性を中心とした決算書比較の一部です。

対象企業とベンチマーク企業の間で、運営の仕方の違いがはっきり出ていることが分かります。

まず、対象企業と数値的に似た形態をとっているのが、ベンチマークC社（グループ1とします）です。これに対してベンチマークA社とB社（グループ2とします）は似た運営形態であることが数字から読み取れます。

圧倒的に違うのが、経費構造です。対象企業を含むグループ1は、食材にかける原価率が低い一方で、人件費や家賃、広告宣伝費など、その他の部分に多くの経費を使っていることが分かります。これに対してグループ2は、原価率が高い一方で、人件費や広告宣伝費、家賃などを抑えた運営をしていることが分かります。そして、成長性や収益性を見ると、グループ2が良く、グループ1が悪い数値を示していることが分かるでしょう。

これは、明らかに運営のビジネスモデルの違いです。グループ2は、食材にお金をかける代わりに店舗は徹底してローコストで運営するモデルです。それに対してグループ1は、ハードや販促などにお金をかける運営モデルです。どちらが良い、悪い

ということではなく、ビジネスモデルの違いであることを認識する必要があります。そして、結果としてグループ2の方が成長率・利益率が高く、対象層にうけていることが数値に表れています。

　こういった分析結果に基づいて、実地に現場調査を行い、店舗の運営状況を確認することができれば、企業分析対象企業の状態が良くない理由の1つを明確化することとなります。財務は、経営の結果です。そのため、数値からビジネスモデルの違いを推測できるということを理解してください。

## ベンチマークによる財務分析（6-3-1）

### ●ベンチマーク企業との利潤獲得力の違い

(百万円／%)

| | 対象企業 | | | | | |
| --- | --- | --- | --- | --- | --- | --- |
| | α年 | 構成比 | α年＋1 | 構成比 | 平均 | 成長率 |
| 売上 | 47,800 | 100.0% | 46.676 | 100.0% | 100.0% | 98.6% |
| 売上総利益 | 28.567 | 59.8% | 28,154 | 60.3% | 60.0% | 98.6% |
| 営業利益 | 2,046 | 4.3% | 551 | 1.2% | 2.7% | 26.9% |

| | ベンチマークA社 | | | | | |
| --- | --- | --- | --- | --- | --- | --- |
| | α年 | 構成比 | α年＋1 | 構成比 | 平均 | 成長率 |
| 売上 | 21,527 | 100.0% | 26,546 | 100.0% | 100.0% | 123.3% |
| 売上総利益 | 10,874 | 50.5% | 16,752 | 51.3% | 50.9% | 125.2% |
| 営業利益 | 1,150 | 5.3% | 1,618 | 5.6% | 5.5% | 129.6% |

| | ベンチマークB社 | | | | | |
| --- | --- | --- | --- | --- | --- | --- |
| | α年 | 構成比 | α年＋1 | 構成比 | 平均 | 成長率 |
| 売上 | 34,150 | 100.0% | 39,346 | 100.0% | 100.0% | 115.2% |
| 売上総利益 | 16,752 | 49.1% | 19,123 | 48.6% | 48.8% | 114.2% |
| 営業利益 | 1,618 | 4.7% | 2,001 | 5.1% | 4.9% | 123.7% |

| | ベンチマークC社 | | | | | |
| --- | --- | --- | --- | --- | --- | --- |
| | α年 | 構成比 | α年＋1 | 構成比 | 平均 | 成長率 |
| 売上 | 19,000 | 100.0% | 19,220 | 100.0% | 100.0% | 101.2% |
| 売上総利益 | 11,070 | 58.3% | 11,180 | 58.2% | 58.2% | 101.0% |
| 営業利益 | 37 | 0.2% | 373 | 1.9% | 1.1% | 1003.2% |

### ●ベンチマーク企業との経費構造の違い

(%)

| | 対象企業 | ベンチマークA社 | ベンチマークB社 | ベンチマークC社 |
| --- | --- | --- | --- | --- |
| 原価率 | 41.1% | 49.1% | 51.4% | 43.0% |
| 人件費率 | 27.7% | 23.2% | 26.0% | 28.6% |
| 地代家賃・賃借料費率 | 9.5% | 8.1% | 6.0% | 12.3% |
| 広告費率 | 3.0% | 0.7% | 0.0% | 1.1% |

# 4 収益性の診断

ここからは、財務分析の基本ならびに企業分析での活用をテーマに、解説を進めていきます。この節ではまず収益性の診断について説明します。

## ◇ 収益性とは

**収益性**の基本は、「投下した資本に対して、どれだけリターンがあるか」です。そのため、収益性の判断に用いる基本的な公式は、図6-4-1のようになります。

これを見ても分かるように、収益性（**総資本対経常利益率**）は、投下した資本がどれだけ売上に転化できているかという「資本効率」と、その売上に対してどれだけ利潤を獲得できるかの「利潤獲得力」に分けられます。

これ以外にも、業種によっては、在庫回転率や交差比率（在庫と粗利の関係性を見るもの）が重要であるなど、追加で見るべき数値があったりします。

とはいえ、基本としてはこの総資本対経常利益率を押さえておけば十分でしょう。

### 収益性分析（6-4-1）

●総資本対経常利益率 ＝ $\dfrac{売上高}{総資本}$ 〔資本効率〕 × $\dfrac{経常利益}{売上高}$ 〔利潤獲得力〕

＊資本効率……投下した資本で、どれだけ売上を獲得できているか。

＊利潤獲得力…獲得した売上に対して、どれだけ利益を上げる力を持っているか。

## ◇ 企業分析における収益性診断の実務

収益構造は、ビジネスモデルの違いからきます。まず、次のものについて総資本対経常利益率の数値をチェックします。

- 自社の３ヵ年推移
- 業界平均
- ベンチマーク企業

　そして、資本効率側に特性があるのか、利潤獲得力側に特性があるのかを見ていきます。資本効率が低いケースは、不動産や建物などのハード志向型の会社によく見られます。また、投下している資本に対して、売上高が根本的にとれていない非効率経営である場合もあります。そのため、貸借対照表を見ながら、どのような特性があるかを見極めていきます。

　また、利潤獲得力に関しては、損益計算書の勘定科目に気をつけながら、チェックしていきます。特に、売上構成比が高い科目、経年で変動の激しい科目などを重点的に見ていくと、その会社の特性が見えてきます。勘定科目では、原材料費、人件費、広告宣伝費、減価償却費、地代・家賃、支払利息などに注目しておけば、見落としは少ないでしょう。これらの大小や変化は、ビジネスモデルとも連動しているので、ビジネスモデル診断と連動させながら、裏づけしていきます。一つひとつの項目をチェックしていけば、ビジネスモデルの違いが面白いように見えてきます。

第6章　財務分析

## 収益性分析実務（6-4-2）

財務諸表 → 収益性分析

- 数字構成の違いから、ビジネスモデルの違いを推測する
  - ↓
- 現場におけるビジネスモデル診断と連動し、違いを明確化
  - ↓
- 企業の特性、強みや弱みの把握を実施

- ３ヵ年推移による変化
- 業界平均との違いの明確化
- ベンチマーク企業との違いの明確化

# 5 生産性の診断

ここでは、財務分析における生産性の診断について説明します。

## ◇ 生産性とは

　**生産性**の基本は、従業員1人当たり加工高 (**付加価値高**) および**労働分配率**といわれる2つの数値です (図6-5-1)。

　従業員1人当たり加工高は生産性を表す指標であり、「従業員1人がどれだけ付加価値を生み出す力を持っているか」を見るものです。この加工高は、簡易診断の場合、売上総利益高と見てもかまいません。ただし、メーカーのように、売上原価の中に生産の人件費や各種経費が含まれている場合は、原材料を引いた加工高で計算してください。ここで注意を要するのは従業員数です。従業員数は、図中にあるとおり正社員換算したものにしてください。

　この生産性は、その会社の付加価値力や効率を見るものです。これが高い会社は、付加価値を生み出す力、もしくは効率的に運営する力を持っていることになります。

　また労働分配率は、「加工高のうちのどれくらいを人件費に振り分けているか」を見るものです。基本は、生産性が高く、労働分配率が適正であれば、従業員の満足度も比較的高いことが予想されます。また、労働分配率が高い場合は、会社として利益が出にくくなる傾向があります。

生産性分析 (6-5-1)

---

● 正社員換算従業員1人当たり加工高 = 加工高〔粗利益〕÷ 正社員換算従業員数

　＊ 正社員換算従業員数は次の式で算出：

　　　正社員数＋パート・アルバイト年総額 ÷ 正社員平均人件費〔福利厚生費込み〕

● 労働分配率 = 人件費 ÷ 加工高〔粗利益〕

　＊ 人件費には、賞与や法定福利厚生費なども含める。ただし、役員報酬は除く

---

## ◇ 企業分析における生産性診断の実務

　生産性は、付加価値を生み出す企業の力、あるいは、ムダ・ムリ・ムラをなくして効率的に運営する力を見ることができます。

　この中で、特に正社員換算従業員1人当たり加工高は、企業の詳しいデータがなければ算定できません。そのため、ベンチマーク企業の数値を出すことが難しい場合もあります。目安としては図6-5-2を参照してください。この生産性は、一般的な小売・サービス業などや中小企業では参考になると思います。ただし、メーカーなどにおいて工場投資額が高い上に自動化比率も高い業態や、付加価値の高いソフト開発（例えばゲーム業界）などでは、当てはまりにくい指標です。

　一般的に生産性が低いということは、すなわち、社内に「ムダ・ムリ・ムラ」が多くて改善の余地が大きいことを意味します。また、ビジネスモデル自体が「儲からず、人手ばかりがかかる」仕組みになっていることも推測されます。さらに、労働分配率と平均賃金から、集まる従業員の質も推測できます。

第6章
財務分析

### 生産性分析の目安（6-5-2）

| 正社員換算従業員1人当たり加工高 | |
| --- | --- |
| 基準値 | ポイント |
| 800万円前後 | 小規模零細企業が多い。儲かりにくい体質 |
| ～1000万円 | 中小企業が多い |
| ～1200万円 | 優良企業の水準 |
| ～2000万円 | 高収益企業の水準 |
| 2000万円～ | 超高収益体質を持っている。事業自体が特殊な場合もある |
| 労働分配率 | |
| 40～45% | この間が基準となる |
| 50%超 | 50%を超えると収益が出にくくなる |

> 付加価値を生み出す体質かどうかを診断する

# 6 安全性の診断

ここでは、財務分析における安全性の診断について説明します。

## ◇ 安全性とは

　安全性診断は、まさしく企業が「危ない状態に陥らないか」「倒産の危険はないか」などを診断するものです。

　この**安全性**については、自己資本比率と流動比率の2つの項目を中心にチェックするといいでしょう。

　まず、**自己資本比率**ですが、これは、企業の長期的な安全性を見るものです。資本金あるいは経営努力による過去からの蓄積といった他人に返す必要のない資金で、会社をどれだけ運営できているかが分かります。そのため、当然ながらこの比率は高いに越したことはありません。内部留保の大きい老舗企業や、資本金の部分を市場から調達できる株式公開企業は、自己資本比率が高くなる傾向にあります。

　一方、**流動比率**は企業の短期的な安全性を見る指標です。「1年以内に返済を迫られる金額」と「1年以内に現金化できるものの金額総額」との比率を見るものであり、100%を上回っていた方がよいといえるでしょう。

　特に、流動資産の中で一番重要な現金預金が多ければ安全だといえますが、あまり多すぎると「資産を寝かせている会社」だと判断される場合もあります。

### 安全性分析（6-6-1）

●自己資本比率 ＝ 純資産 ÷ 総資産
　＊欠損企業は、自己資本比率がマイナスになることもある

●流動比率 ＝ 流動資産 ÷ 流動負債
　＊100％以上が優良

## ◇ 企業分析における安全性診断の実務

安全性は、会社の安定度合いです。

安全性の度合いにより、会社の施策に対する緊急度合いを決めていきます。安全性が低い場合は緊急度合いが高く、即効性のある施策を早急に打っていく必要が出てきます。一方、安全性が比較的高い場合は、長期的視野に立った施策も十分に検討していくこととなります。

企業分析では、企業を診断するだけでなく、得られた情報をもとに最終的にどのような方向に持っていくかも考えなくてはなりません。

そのために、この安全性確認は必須条件となります。

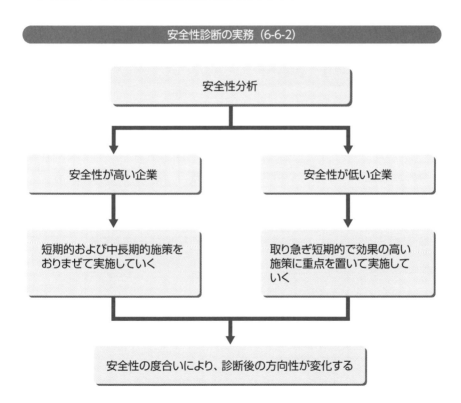

安全性診断の実務（6-6-2）

- 安全性分析
- 安全性が高い企業
- 安全性が低い企業
- 短期的および中長期的施策をおりまぜて実施していく
- 取り急ぎ短期的で効果の高い施策に重点を置いて実施していく
- 安全性の度合いにより、診断後の方向性が変化する

第6章 財務分析

# 成長性の診断

ここでは、財務分析における成長性の診断について説明します。

## ◇ 成長性分析

**成長性**は、財務分析の中でも最も容易に行える項目です。

成長性分析の基本は、**売上高成長性**と**利益成長性**の2つです。これに関しては、多くを述べる必要はありませんね。基準年度に対して、どれだけ売上や利益が成長しているかの確認です。

利益に関しては、売上総利益段階と営業利益段階、経常利益段階の3つをチェックしておくとよいでしょう。

> 成長性分析 (6-7-1)

●売上高成長率 ＝ 対象年度売上高 ÷ 基準年度売上高

●売上総利益成長率 ＝ 対象年度売上総利益高 ÷ 基準年度売上総利益高

●営業利益成長率 ＝ 対象年度営業利益高 ÷ 基準年度営業利益高

●経常利益成長率 ＝ 対象年度経常利益高 ÷ 基準年度経常利益高

## ◇ 現状分析における成長性診断の実務

成長性は、会社の成長スピードを表すものです。まず、注目すべき点は、業界全体の成長度合いと、自社の成長度合いです。業界が急速にダウンしているときは、シェアが高い企業ほど、それに引きづられてダウンする傾向にあります。逆に成長しているときは、その成長度合いと比較してどうかという観点でも見てください。

　もう1点、チェックしていただきたいのが、部門別成長性です。成長している（もしくはダウンになっている）場合に、どの部門、支店、エリア、商品が伸びているのか（ダウンになっているのか）を見極める必要があります。そこから、伸びている（ダウンしている）ところの理由を明確にしなければなりません。ある程度まで管理会計が行われている会社であれば部門損益データなどを保持しているはずなので、それらのデータは必ず分析してください。この部門損益は、伸張率だけでなく、金額も確実に押さえてください。

　この部門損益がポイントとなることもあります。

　例えば、新規事業で失敗しているケースでは、既存事業部門の収益性が良くても、新規事業部門の収益性が悪く、この部門への投資と収益性の悪さが全体を圧迫していることが多いのです。特に新規事業は、生半可に投資すると、「もう少しで芽が出るのではないか」という期待感のもと、引くに引けなくなることがよくあります。そういったことを見極めるのも、企業分析における重要なポイントです。

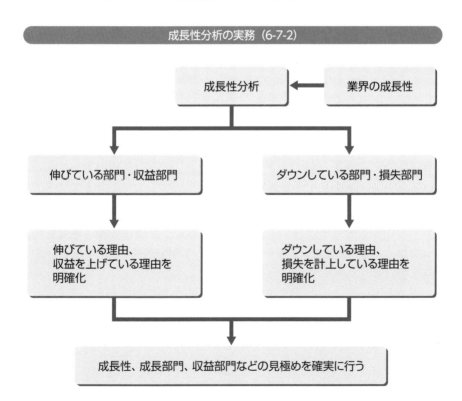

成長性分析の実務（6-7-2）

# ⑧ キャッシュフローの診断

ここでは、財務分析におけるキャッシュフローの診断について説明します。

## ◇ キャッシュフローとは

**キャッシュフロー診断**とは、キャッシュフローすなわち一会計期間における企業の「お金 (現金) の流れ」を見るものです。キャッシュフローの管理ができていない会社は、黒字であっても倒産の恐れがあります。そのため、2000年3月決算からは、株式公開している企業を対象に、企業会計のディスクロージャーの一環として、損益計算書・貸借対照表と共に**キャッシュフロー計算書**の作成が義務づけられました。今日では、企業規模の大小にかかわらず、キャッシュフローをもとにした経営への視点は不可欠なものとなっています。

企業会計の基本は、入ってくるお金と出ていくお金のバランスです。ただし、入ってくるお金にも出ていくお金にも、それぞれ様々な種類のものがあり、損益計算書を見ているだけでは、企業のお金の流れ (出入り) の実態は把握できません。

例えば、入ってくるお金を見てみましょう。一番分かりやすいのは売上金額ですね。それ以外にも利子などがあります。これらは全て損益計算書内に出てきます。しかし、企業経営はそれだけではありません。銀行からお金を借りたとしましょう。これも、その企業にお金が入ってきたことになりますね。このようなものは財務活動と呼ばれ、損益計算書には出てきません。こういったお金の流れの実態を正確に把握するのが、キャッシュフロー計算書です。

キャッシュフロー計算書は、企業経営におけるお金 (現金) の流れ、お金がどのように増減したかが分かるように、企業の活動に合わせて「**営業活動によるキャッシュフロー**」「**投資活動によるキャッシュフロー**」「**財務活動によるキャッシュフロー**」の3つに区分されています。

> 入ってくるお金 － 出ていくお金 ＝ 企業の手元に残っている現金・預金額

## ◇ キャッシュフロー診断の実務

　キャッシュフロー計算書を作成するには、それなりの会計的知識が必要となってきます。損益計算書に挙がっている項目と貸借対照表に挙がっている項目を組み合わせていくため、実際に作成する場合は、経理部門やそれなりの知識のある人につくってもらった方がよいでしょう。

　見方としてはまず、営業活動すなわち企業の本業部分でどれだけお金（キャッシュ）を生んだか、もしくはロスしているかを見てください。特に債権・債務や在庫（棚卸資産）などの増減はキャッシュに大きく影響するので要チェックです。

　次に投資活動です。これは、営業活動を支える投資およびそれ以外での投資に分かれます。それぞれの投資でどれだけのお金が会社から出ていったか（キャッシュアウト）を見てください。

　最後に財務活動です。特に投資活動や営業活動での不足分は、この財務活動で補います。簡単にいうと借金です。また、借りたお金は返済しなければならないため、これは逆にキャッシュアウトとなります。

　このように、自社の一定期間のお金の流れがひと目で分かるようにして、どこで現預金の過不足が生じているかをチェックしてください。

### キャッシュフロー診断（6-8-1）

Ⅰ営業活動によるキャッシュフロー
　当期純利益
　減価償却費
　売上債権の増減
　棚卸資産の増減
　仕入債務の増減
　その他
　営業活動によるキャッシュフロー

Ⅱ投資活動によるキャッシュフロー
　設備投資による支出
　不動産購入による支出
　有価証券などの購入
　貸付金の回収
　投資活動によるキャッシュフロー

Ⅲ財務活動によるキャッシュフロー
　借入金の借入
　借入金の返済
　その他
　財務活動によるキャッシュフロー

　期首現金及び預金
　Ⅰ＋Ⅱ＋Ⅲ（期中増減額）
　期末現金及び預金

# 財務分析の総合評価

それぞれの分析・診断が終了した時点で、財務分析の総括を行います。

## ◇ 財務分析における総合評価

　経営計画策定において、財務状況の把握は基本中の基本となります。財務は経営の結果であり、「いま、何を重視しなければならないか」を確実に把握するためのものです。この基盤なしには、正しい経営計画は立てられません。

各種財務分析の集約 (6-9-1)

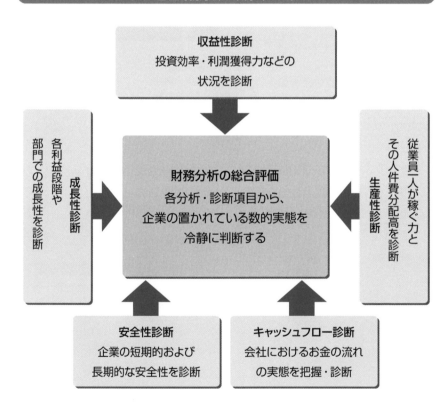

**収益性診断**
投資効率・利潤獲得力などの
状況を診断

**成長性診断**
部門での成長性を診断
各利益段階や

**財務分析の総合評価**
各分析・診断項目から、
企業の置かれている数的実態を
冷静に判断する

**生産性診断**
従業員一人が稼ぐ力と
その人件費分配高を診断

**安全性診断**
企業の短期的および
長期的な安全性を診断

**キャッシュフロー診断**
会社におけるお金の流れ
の実態を把握・診断

各分析指標をチェックし、企業が置かれている実態を冷静に判断してください。
各項目で気になるポイント、また、逆に評価できるポイントを明記してください。

## 財務分析総合評価シート（6-9-2）

### 収益性におけるポイント

### 生産性におけるポイント

### 安全性におけるポイント

### 成長性におけるポイント

### キャッシュフローにおけるポイント

▼

### 総合コメント

memo

第 **7** 章

# 現状分析総括

　第4〜6章の現状認識を総括し、現状における自社の「強み」と「弱み（課題）」、外部環境における「機会」と「脅威」に分類して、現状の整理を行っていきます。

　現状総括においてポイントとなるのが、各分析から上がってきた情報間の整合性です。「現場の意識」と「数値面から出てくる実態」との間にギャップがあることもよくあります。そういったときにどちらが正しいか見極めるなど、複数の情報を整理して正確な実態を把握しなければなりません。そのための情報認識の仕方、まとめ方について説明します。現状の総括ができたら、設定したビジョンと現状のギャップを認識した上で、経営計画の策定に移ります。

# 現状分析総括

この章では、これまでに実施した現状分析を総括します。

## ◇ 現状分析総括シートとは

現状分析総括シート（7-1-1）

| | ビジョン達成のために強化すべきポイント |
|---|---|
| ビジネス<br>モデル面 | |
| データ<br>分析面 | |
| マネジ<br>メント面 | |
| 財務面 | |
| | ビジョン達成のために有利な環境 |
| 外部環境面<br>（時流適応面） | |

　第3章で設定した自社が向かうべき方向・ビジョンに対して、各種現状分析と突き合わせをします。その上で、ビジョン達成のために自社が伸ばすべき強みを分野ごとで明確にします。

　また、逆にビジョン達成に向けて課題となる部分も明確にしておきます。

　これらの分析が事業計画づくりの骨子となってきますので、しっかり集約検討を行ってください。

| ビジョンと現状のギャップおよび課題 |
| --- |
|  |
|  |
|  |
|  |
| ビジョン達成のための逆風環境 |
|  |

# 現状総括手法

ここでは、これまで実施してきた外部環境調査および内部分析、財務分析の各パーツを集め、総合的にどのように判断するかについて説明します。

## ◇ 現状の整理ツールを知る

第4章から第6章までに行った各種の**現状分析**を総括し、それらをひと目で分かるようにしなければなりません。

そのときの簡単なポイントは、現状分析で出てきた全ての結果を、分かりやすいワンフレーズの形にしておくことです。例えば、「原材料の単価高騰（昨対105%）」「好調なA商品（昨対120%）」などです。

また、数字で表せる部分は、極力、数字データで表記しておきます。

そして、これらの項目を何らかの形で整理することが必要となります。そのときに知っておくと便利なのが「整理ツール」の存在です。

## ◇ SWOT 分析

この整理ツールには様々な種類のものがあります。総合的に分析したものをまとめるツールとして有名なのは「**SWOT分析**」でしょう。企業の現状を「内的環境」と「外的環境」に分類し、さらに内的環境（内的要因）を「強み（S：Strength）」と「弱み（W：Weakness）」に、外的環境（外的要因）を「機会（O：Opportunity）」と「脅威（T：Threat）」に分けます。そして、それぞれのマス目の中にこれまでの分析から導き出された結果を記載していきます。

分かりやすさを求める場合には、内的要因分析の項目を、より細かく分けたフォームを使います。この方が整理しやすいですし、また、第三者が見たときも分かりやすくなるからです。

SWOT分析以外にも、「マーケティングの4P」や「サプライチェーン分析フォーマット」などが使えます。また、企業に影響を及ぼす要因はシンプルにすると「自社（C：Company）」「競合（C：Competitor）」「顧客（C：Customer）」の3つしかない、とする**3C分析**もあります。

これらは、それぞれの考え方や分析目的に応じてうまく使い分けてください。

## ▼現状分析総括シート

| | ビジョン達成のために強化すべきポイント | ビジョンと現状のギャップおよび課題 |
|---|---|---|
| ビジネス<br>モデル面 | | |
| データ<br>分析面 | | |
| マネジ<br>メント面 | | |
| 財務面 | | |
| | ビジョン達成のために有利な環境 | ビジョン達成のための逆風環境 |
| 外部環境面<br>（時流適応面） | | |

## ●3C分析

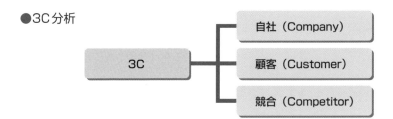

第7章　現状分析総括

## ◇ 整合性と因果関係分析

前節で紹介した整理ツールを用いて現状整理を進める上で、重要なことがいくつかあります。その主なものは次のとおりです。

---

❶論理的展開による真因分析
❷極力、数字の裏づけがあること
❸真実のみの記載

---

### ❶論理的展開による真因分析

外部、内部、財務といった各パーツの現状分析は、実は、それほど難しいものではありません。手順を正確に踏んでいけば、導き出せるものばかりです。現状分析において最も重要なのは、それらの分析結果の相関性をどのように見るか、ということです。しかも、それを効率よく導き出さなければなりません。

現状分析の結果は、それぞれを個別に見ていても、本当の原因が出てきません。

仮に自社の業績が思わしくないとして、その真の原因が何であるかを探るには、仮説検証型の調査を実施しなければなりません。これに関しては次項で説明します。

### ❷極力、数字の裏づけがあること

次に、できる限り数値の裏づけをとっていくことが重要です。経営の結果は、基本的に業績に表れます。逆にいうと、企業の活動は何らかの業績に結び付いていると思ってもよいでしょう。「調査結果の項目がどの数字とつながっていて、どれくらいの影響を与えているか」が分かれば、関係性が見えてきます。

### ❸真実のみの記載

ここでいう「真実のみの記載」とは、検証できないものを極力、結果から外すことを指します。

図7-2-2を見てください。例えば売上がダウンしているという結果があったとします。これに対して「現場従業員のモチベーションが低く、売上がダウンしている」というヒアリング報告があったとします（検証データA）。そこから仮説として売上

ダウンは従業員モチベーションの低さと因果関係があると仮説を立てることができます。

　しかし、売上ダウンと従業員モチベーションの関係をこのヒアリングだけでは検証できません。そこで別途、従業員のモラールサーベイ調査データがあり、そこから従業員のモチベーションが非常に低いとわかるデータ（検証データB）があったとします。これによりAとBの売上ダウン要因は相関性があるということができます。さらに離職率が業界平均と比べても非常に低いなどのデータもあるとなおさら売上ダウンの結果要因は「従業員モチベーションの低さにある」ということが明確になります。

　このようにいくつかの分析から検証ができないのであれば、いったん参考とはしますが、現状分析からの結果からは外して考えます。それを証明するには、モラールサーベイ調査などが必要になります。そういった検証分析ができないのであれば、現状の真因分析の対象からはいったん外し、参考程度の扱いとします。

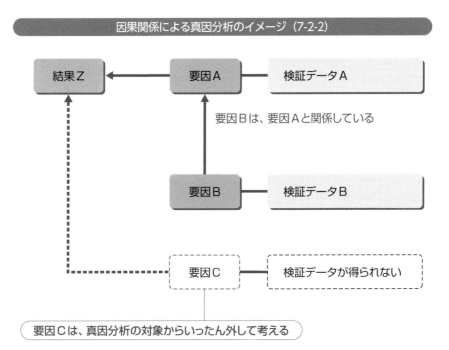

**因果関係による真因分析のイメージ（7-2-2）**

結果Z　←　要因A　━　検証データA

要因Bは、要因Aと関係している

要因B　━　検証データB

要因C　┄　検証データが得られない

要因Cは、真因分析の対象からいったん外して考える

## 3 現状分析総括
# 経営計画

現状総括から経営計画への展開をしていきます。ここではそのプロセスの全体像について説明します。

### ◇ 経営計画への展開

「現状総括」が終わったら、実際の経営へ展開していきます。

まず、ポイントとなるのが、はじめに設定した「理念」とそれを具体的な目標に落とし込んだ「ビジョン」です。

この「理念」と「ビジョン」に向かって経営計画を構築していきますが、そこには当然、現状とのギャップが存在します。このギャップを埋める戦略をうまく構築できるかどうかが、活きた経営計画になるか "絵に描いた餅" の経営計画に終わるかの分かれ目となります。

#### ●ギャップを埋める基本戦略

活きた経営計画にするには、ギャップを埋めるための考え方となる基本戦略が必要となります。基本戦略の構築にあたっては基本的な戦略の考え方が重要であり、「船井流経営法」の根幹ともなっています（次章で解説します）。

#### ●全社基本事業計画

基本戦略に基づきながら、全社の事業計画を構築していきます。事業計画には、基本となる「ビジネスモデルの強化・再構築計画」、どの事業体を伸ばし、縮小させるかの「事業展開・ポートフォリオ計画」、それらを回すための「組織・マネジメント計画」、そして、これらの計画の結果である「数値基本計画」の大きく4つの計画から成り立ちます。そして、それらを大枠の事業年度にスケジュールとして落とし込みます。

#### ●部門別経営計画

全社基本事業計画に基づきながら、各事業部門の経営計画構築を実施します。各事業部が立てた計画を再度、全社事業計画へフィードバックし、全社計画と部門別計画の整合性確保と調整を実施し、全体を完成させていきます。

#### ●個人別計画

事業計画が固まれば、最終の個人別計画への落とし込みを実施していきます。

## 経営計画構築展開図（7-3-1）

現状総括 ←ギャップ→ 理念 ビジョン

**ギャップを埋める基本戦略の構築**

○事業戦略（長所伸展戦略、時流適応戦略）
○マーケティング戦略（一番化戦略、ブランド化戦略）
○マネジメント戦略（一体化戦略、ボトルネック対応戦略）
○DX戦略

**全社基本事業計画の構築**

ビジネスモデルの強化・再構築計画

事業展開・ポートフォリオ計画

組織・マネジメント計画

数値基本計画（財務・投資・損益）

年度スケジュールへの落とし込み

**部門別経営計画の構築**

各部門別経営計画への落とし込み、全社事業計画へのフィードバック

**個人別計画への落とし込み**

第7章 現状分析総括

memo

# 第 ⑧ 章

# 基本戦略構築

　現状とビジョンのギャップを埋めるため、まずは基本戦略を構築します。この章では、構築の際の考え方・思考法について説明します。

　基本戦略構築の考え方・思考法は様々ですが、本書では事業領域、マーケティング、マネジメント、DXの4分野に分けて考えます（DX分野は第9章で解説）。事業領域では「長所伸展戦略」「時流適応戦略」、マーケティングでは「一番化戦略」「ブランド化戦略」、マネジメントでは「ボトルネック対応戦略」「一体化戦略」について説明します。これらの戦略構築思考法をマスターして、自社の現状に即した戦略を構築していきます。

# 基本戦略の構築

この章では、基本戦略を構築する際にポイントとなる思考法をマスターしましょう。

## ◇ 基本戦略構築シートとは

基本戦略構築シート（8-1-1）

| ギャップを埋める戦略<br>事業領域 | 発想のポイント | 既存事業領域 |
|---|---|---|
| | 重点事業<br>撤退考慮事業<br>など | |
| | 時流適応<br>および<br>長所伸展の観点 | |
| マーケティング | 一番化 | |
| | ブランド化 | |
| マネジメント | 一体化 | |
| | ボトルネック<br>対応 | |
| DX | | |

　ビジョンと現状には大きなギャップがあります。それを埋めるのが戦略となります。戦略を構築する際の項目と思考法を分かりやすくマトリクス図にまとめています。このシートを活用し、戦略的思考を高めてください。

| 戦略のポイント | |
|---|---|
| | 新規事業領域 |
| | |
| | |
| | |
| | |
| | |
| | |

# 基本戦略とは

この章では、経営計画立案の第一歩として、現状とのギャップを埋める基本戦略を構築していきます。ここではまず、基本戦略とは何かを説明します。

## ◇ 基本戦略の構築

「**戦略**」という言葉はよく使われますが、戦略とは一体、何でしょうか。戦略とは、明確な目的（経営計画ではビジョンと呼んでいる）に対して、現状を認識した上で、より効果的・効率的に目的を達成する方法を考えることです（図8-2-1を参照）。

ビジョンの実現のために構築する基本戦略は、経営計画における「核」となる部分であり、企業の将来を決定する大きな要素の１つとなります。

そのため経営計画づくりでは、的確な基本戦略を構築することが重要となりますが、そのためには一定のベースとなる考え方を持っておくべきです。以下、この戦略を事業、マーケティング、マネジメント、DXの４つに分けて、船井総合研究所における戦略の基礎となる考え方を基本としつつ解説していきます。

### ❶事業戦略

「事業自体にどのような方向性を持たせるか」、「どの事業領域を伸ばし、どの事業領域は現状維持もしくは縮小・撤退するか」など、事業の根本を考えるものです。その際には、自社の対象とする市場の動きや業界における動きなどへの時流適応の発想、あるいは既存事業の長所を活かす長所伸展の発想、といった考え方が重要となります。

### ❷マーケティング戦略

マーケティング戦略において重要となるのはポジショニングです。特に既存市場においては、シェアを伸ばしていく一番化戦略、およびブランド価値を高めていくブランド化戦略という２つの考え方が重要になってきます。

### ❸マネジメント戦略

目的に向かうには、従業員の力を最大限に引き出す必要があります。この面で中核に据えるべき考え方は、従業員の一体化です。従業員の一体化を中心に据えながら、組織のあり方、各種マネジメント施策の検討を行っていきます。

### ❹DX戦略

今日ではDX戦略も非常に重要です。これについては次の第9章で詳しく解説します。

この章では以下、❶～❸の戦略の基本的な考え方について述べていきます。

---

戦略とは（8-2-1）

# 事業戦略

基本戦略構築の1つ目は、主戦場となる事業領域を決定する戦略です。

## ◇ 事業領域を決定する

事業領域の決定には様々な方法があります。どのような軸で事業を分類し、成長戦略をとるかによって、それに適した方法を選択します。図8-3-1は、商品と市場の切り口によって、既存事業以外の新しい事業領域を検討する際に分かりやすい軸のとり方です。一方、図8-3-2は既存事業ポートフォリオといって、事業や商品の成長度合いと利益貢献度などから既存事業を検討する際に分かりやすい軸のとり方です。このような図を用いながら事業の方向性を考えると分かりやすいでしょう。

## ◇ 船井流事業戦略の根幹

事業領域の決定にあたり、どの事業領域を強化し、どこを縮小するか、というのは重要な決断となります。

そこで、その際の考え方について船井流経営法のノウハウを紹介します。

### ❶長所伸展戦略

船井流経営法の根幹は「長所伸展」にあります。人間に長所と短所があるように、会社にも当然、長所と短所があります。そのどちらにフォーカスするかですが、船井総合研究所では、長所にフォーカスすることをお勧めしています。すなわち、自社の伸びている部分や自信のある部分、他社にない部分を見極め、既存事業領域の拡大・縮小を検討していくのです。

### ❷時流適応戦略

船井総合研究所では「時流」というものも当然ながら大切にします。日本の市場全体の動向や対象業種の動向、対象としている顧客の動向、競合の動きなどをしっかりチェックしながら、自社を時流に適応させていくことが重要です。

　この発想は、既存事業はもとより新規事業領域を考える際にも重要な思考法となります。特に、市場規模の縮小が続く場合、自社の努力だけではなかなか事業を拡大できないものです。そのため、市場の動きをしっかり把握し、それに対応する必要があります。

　近年では、既存領域の強化や新しい領域への進出の際に、M&Aや事業提携などの考え方も戦略上の重要度を増しています。中小企業にとってもこれらの発想と無縁ではないことを念頭に置いて、**事業戦略**を検討してください。

## 事業領域検討図（8-3-1）

|  |  | 顧客（市場） | |
| --- | --- | --- | --- |
|  |  | 既存 | 新規 |
| 商品 | 既存 |  |  |
|  | 新規 |  |  |

## 既存事業ポートフォリオ（8-3-2）

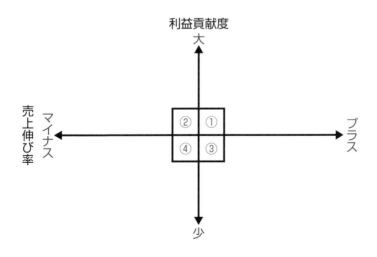

第8章 基本戦略構築

基本戦略構築

# マーケティング戦略

経営計画を立てる上でのマーケティング戦略の考え方を述べます。

## ◇ マーケティング戦略とは

ここでの**マーケティング**とは、先ほど決定した大きな意味での事業領域に対して、「どのようなポジショニングで商品を投入し、顧客に認知してもらい、購買してもらうか」の方向性を検討するもの——と定義しておきます。

船井総合研究所はマーケティングを得意とし、この面では様々なノウハウを保持していますが、その中でも重要な2つの戦略的思考法を紹介しましょう。

## ◇ 船井流マーケティング戦略の根幹

マーケティングでは、対象顧客に自社の商品・サービスをどのようなポジショニングで受け止めてもらうかが重要となります。

このため船井総合研究所が最も重視しているのは、「**一番化戦略**」の発想です。市場において一番の商品の名前は突出して多くの人に知ってもらえるものです。また、昨今の日本のように多くの業種において市場自体が縮小しつつある場合、品質とコストパフォーマンスに優れた一番企業に顧客が集まりやすくなります。そこで、「常に一番を目指す」ことをマーケティング上の重要戦略に置きます。とはいえ、業界での量的一番は1社しかありません。特に中小企業にとって、量的一番を目指すのは厳しいものです。

そこで、「力相応」を目指していただきます。自社の力で一番をとれる領域まで、市場や商品の絞り込みをかけ、その領域の中で一番を獲得する施策を検討していきます。これを「狭小領域一番化」といい、さらに、他社が追随できないくらいまで、シェアを圧倒的に高めることを戦略上の中核に据えます。そして一番を確保したあとには、「包み込み戦略」といって、「競合企業が自社の領域に入ってきたら、その商品やサービスを全てまねして、包み込んでしまう」という方法をとります。一番企業にこれをやられると、他社は太刀打ちできなくなります。

　さらに、一番がとれたら次に「ブランド化戦略」に移行するのですが、その前に「コストリーダーシップ戦略」をとります。一番企業は、市場において流通主導権をとることができるため、「品質をより高めながら、コストは下げていく」という両面で他社を圧倒していきます。

**マーケティング戦略の根幹図（8-4-1）**

### ●M&Aや新規事業戦略の展開

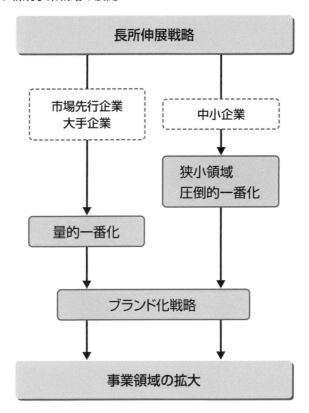

## ◇ ブランド化戦略

　事業領域を決定したのちに一番のポジションを狙う、というのは船井総合研究所の黄金率ですが、一番化を達成できたら、次に**ブランド化戦略**を実施していきます。

　数的一番は強いのですが、それを永続させていくには、顧客に自社のブランドを絶対的なものとして認識し、受け入れてもらう必要があります。

　例えば、ファストフード店を思い浮かべてください。"マクドナルド"といえば、どの店に行っても清潔でワンコインで待たずに食事ができる、というイメージを多くの人が持っているでしょう。同時に、"モスバーガー"に対してはまた違ったイメージを持っているはずです。そして、その顧客が持っているイメージによって、使い分けや好き嫌いが発生しています。

　このように、店名を聞いただけですぐに「××な店、△△な商品」とイメージしてもらえるようになることが大切ですが、当然ながら、自社が狙ったイメージを持ってもらう必要があります。

　それを構築していくのが「ブランド化戦略」だと思ってください。

　図8-4-2は、ブランドの構成要素を分かりやすく3つに分けたものです。

　1つ目は、自社が知ってほしいと思うターゲットに認知してもらうことです。これは、展開する立地や営業・広告・販促などの手法に影響してきます。

　2つ目は「品質信頼性」と呼んでいるものです。これは、商品・サービス力およびその品質の安定性に由来し、「誰もが期待する一定の品質をいつでも享受できる体制」をつくることの重要性を意味します。その実現は容易ではありません。経営者が求める品質レベルを常に維持するには、仕組みや教育といった部分に多大な費用をかける必要があります。

　最後に「独自性」です。自社にしかないオリジナリティ、長所が明確になっていなければなりません。また、その独自性が顧客に分かりやすく伝わることも必要です。

　ブランド化戦略では、これらを明確に定義していき、顧客に「宣言」をする必要があります。「自社は顧客に対して、○○○を必ず守る」という宣言です。そして、それを厳守すると共に、自社から発信する全ての情報を、この基本的な考え方のもとに統一していきます。

## ◆ 事業戦略との連動

　事業戦略で領域を決定し、マーケティング戦略で狙った地位を確保して売上や利益を上げる、そして、自社や商品を確固とした地位にまで高める——というのが流れです。そこまでしておいた上で、新たな事業領域に出ていくのがベストです。少なくとも、一番を確立できていない時点で新しい事業領域に進出するのは、できることなら避けていただきたいと思います。

　最後に、どのような会社も長所を持っており、一番を確立できる領域があると信じています。経営戦略とは、突き詰めれば "トップが決断する" ことだといえるのです。

ブランド構成要素（8-4-2）

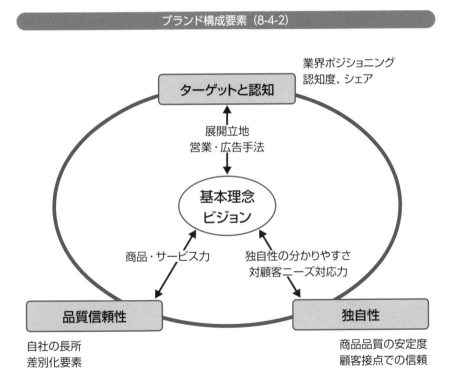

# 5 マネジメント戦略

ここでは、マネジメント戦略の考え方について述べます。

## ◆ マネジメント戦略とは

ここでいうマネジメントとは、「会社が向かっているビジョンや目標に対して、それを達成するため、人を中心に資産・お金などを最適化すること」です。この**マネジメント戦略**を考える上で重要となる戦略的思考を説明していきます。

## ◆ 一体化戦略

マネジメント戦略において、船井総合研究所が最も重視している考え方の１つは「**一体化戦略**」です。どんなに素晴らしい考え方や戦略・ビジョンがあっても、それが従業員に浸透していなければ意味がありません。さらに、浸透するだけでなく、全従業員がその方向に向かって各自の能力を最大限に発揮したときのパワーは、絶大なものとなります。企業がどのような逆境に陥ろうとも、全従業員の心を一体化できれば、その難局を乗り切ることも可能です。

一体化を図るためには、会社の基本となる考え方（理念）や向かう方向性（ビジョン）が従業員に浸透していることが重要です。従業員の判断基準・行動指針も同じ要素と考えてください。

そして次に、ビジョンや戦略が各部門に落とし込まれていることも重要です。この落とし込みが小さな単位にまで至っていれば、ビジョン・戦略もより深く浸透しているといえます。

一体化できていれば、従業員満足度も比較的高いという結果が出ます。

最後に、組織間コミュニケーションの状況も重要です。組織の壁は必ずできるものですが、ビジョン・戦略を進める上では、部門に関係なく協力していく体質にあるかどうかがポイントです。これらの要素をまとめ、一体化戦略の方向性を考えてください。

## ◆ ボトルネック戦略

ボトルネックとは、ビジョン達成の制約となっているポイントを指します。そのポ

イントさえ解決できれば、スムースに事が運ぶようになります。

ボトルネックという語は、「ボトルの口が狭くなっているために出る水の量が制限されており、その狭い部分を広げれば水の流れがスムースになる」ところからきています。

**ボトルネック戦略**の考え方は、"ビジョン達成"のために立てた各種戦略を実施する上でネックとなる部分を明確化し、その対策を立てることに本質があります。例えば、優れたビジネスモデルを開発できていたとして、それを展開するために「資金」が大きな課題になっているとしましょう。当然、それを解決しなければ、ビジョンに近づくこともできません。資金がネックなのであれば、「借入金」での解決、もしくは他社との提携、フランチャイズ展開といったことも考えられます。このように、ビジョンの達成を阻むボトルネックの部分を見つけ出せれば、その対策を練ることが可能となります。

マネジメントとは、目標達成のために全体を最適化すること——それを忘れないでください。

第8章 基本戦略構築

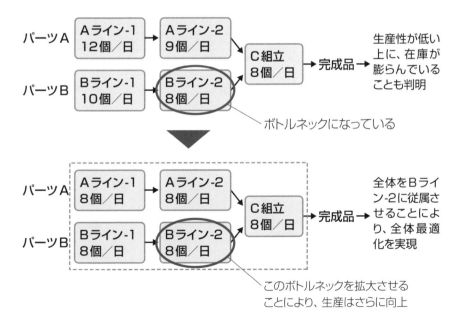

ボトルネックとは（8-5-1）

パーツA　Aライン-1 12個／日 → Aライン-2 9個／日

パーツB　Bライン-1 10個／日 → Bライン-2 8個／日

→ C組立 8個／日 → 完成品

生産性が低い上に、在庫が膨らんでいることも判明

ボトルネックになっている

パーツA　Aライン-1 8個／日 → Aライン-2 8個／日

パーツB　Bライン-1 8個／日 → Bライン-2 8個／日

→ C組立 8個／日 → 完成品

全体をBライン-2に従属させることにより、全体最適化を実現

このボトルネックを拡大させることにより、生産はさらに向上

# 基本戦略の総括

各戦略の方向性が見えてきた段階で、基本戦略の総括を行います。

## ◇ 基本戦略の総括

図8-6-1に示したような形で基本戦略を構築するのですが、その際、第7章で検討した現状の総括、ビジョンと現状とのギャップなどを明確にしたのちに、そのギャップを埋めるための戦略を図8-6-2のシートにまとめます。

これらの戦略においての優先順位や難易度、そしてビジョン達成に向けて本当に重要視すべきポイントを再度考えて、基本戦略の方向性を構築します。

この基本戦略に基づいて、第10章から経営計画に落とし込んでいくことになります。

「戦略のミスは戦術・戦闘では取り返せない」とは名言ですね。

### 基本戦略の構築（8-6-1）

　基本戦略の構築は、図8-6-2にあるように４つのパートに分けて考えると分かりやすいでしょう。

- **事業領域**…各事業分野の強化、撤退、現状維持、新分野進出などの基本的な戦略を決定します。その際に、既存事業と新規事業に分けて検討します。
- **マーケティング**…ビジネスモデルの戦略方向性を含むマーケティングにおける戦略の方向性を、一番化、ブランド化などの観点から決定します。
- **マネジメント**…一体化戦略、および全体の最適化から見たボトルネック戦略などの戦略方向性を決定します。
- **DX**…事業や部門においてIT技術を利用した事業の変革や生産性向上などの戦略方向性を決定します（第９章で解説）。

**基本戦略構築シート（8-6-2）**

| ギャップを埋める戦略 | 発想のポイント | 戦略のポイント | |
|---|---|---|---|
| 事業領域 | | 既存事業領域 | 新規事業領域 |
| | 重点事業 撤退考慮事業 など | | |
| | 時流適応 および 長所伸展の観点 | | |
| マーケティング | 一番化 | | |
| | ブランド化 | | |
| マネジメント | 一体化 | | |
| | ボトルネック対応 | | |
| DX | | | |

　また、ビジョンとのギャップを埋めるために、この章で解説してきた各種の戦略思考を自社に照らし合わせて書き出し、図8-6-3にあるように集約し検討する方法でもよいでしょう。

基本戦略構築シート（8-6-3）

| 長所伸展／力相応一番化戦略 |
| --- |
| |

| 時流適応戦略 |
| --- |
| |

| ボトルネック対応戦略 |
| --- |
| |

| 一体化戦略 |
| --- |
| |

| DX戦略 |
| --- |
| |

| ビジョン構築のための基本戦略 |
| --- |
| |

第 ⑨ 章

# DX戦略構築

　この章では、進化の速いITやAIなどのデジタル技術を利用した戦略を構築する際の考え方・思考法を解説します。

　現状の現場課題やシステム課題を加味した上で、営業系フロントDX戦略構築、基幹系バックヤードDX戦略構築および時流適応のDX戦略構築手法について説明します。

　これからさらに加速していくであろうDXの戦略構築についての基礎編としてお読みください。

# DX 戦略の構築

この章では、基本戦略の中で特にDX戦略を切り出し、その構築ポイントとなる思考法を
マスターしていきましょう。

## ◇ 現状分析からのDX戦略構築検討

　現場においてシステムやデジタル化に対する課題は散在しているものです。また、
コストという壁もあります。これらを整理することも自社におけるDX戦略構築の
ヒントとなります。

| 大項目 | 項目 | 内容 |
|---|---|---|
| システム間連携<br>データ有効活用 | システム間連携の課題 | |
| | 部門独自情報保有の課題 | |
| | 情報利活用の課題 | |
| コスト／手間 | システムコストの課題 | |
| | 見えないコストの課題 | |
| 現場課題／ニーズ | 各部門におけるシステムの課題 | |
| | 各部門におけるシステム化のニーズ | |
| | その他のニーズ | |

### 現状から分かる自社におけるDX化の方向性

## ◇ 多角度からのDX戦略ポイント集約とDX戦略構築

システムやデジタル化における現状課題に加え、ニーズや最新事例やベンチマークなどから自社のDX戦略を構築してください。

| 項目 | DX戦略ポイント |
|---|---|
| 現状システムの課題 | |
| 現状システムのニーズ | |
| 顧客接点(営業・販促)ニーズ | |
| 顧客体験向上ニーズ | |
| 基幹系システムの課題・ニーズ | |
| 最新DXで取り入れたい内容 | |
| 同業種ベンチマーク | |

| DX戦略の方向性 |
|---|
| |

第9章 DX戦略構築

# 2 DX 戦略とは

この章では、第四次産業革命ともいわれるデジタル技術を活用した業務変革とその戦略について説明していきます。

## ◇ DX の背景について

ITやAI技術の進歩、通信環境の整備によるクラウド環境の進化、機器や端末の性能向上・低価格化などの技術革新により、かつては実施するために大きなコストや専門的知識を要していたものが、今日では低価格で、誰でも、いつでも、どこからでも手軽に利用できる時代になりつつあります。

これらを複合的に組み合わせて利用することにより、かつては実現できなかったことが比較的簡単にできる環境が整いつつあります。

なお、DX（デジタルトランスフォーメーション）については1-6節をご参照ください。

## ◇ 現状システム構成図づくり

1-6節で、DXの本質は企業変革にある、と述べましたが、もう少しいうと、DXには大きく2つの目的があります。

- （部門ごとの）業務変革を行う
- 事業変革（事業全体の変革）を行う

業務変革はイメージしやすいと思います。現状、人手で行っている業務や、これまで実施したくてもできなかった業務を、ITやAIの力を借りてシステム化することです。また、「RPA（ロボティック・プロセス・オートメーション）により単純なデスクワークを機械に置き換える」、「製造工程のラインや物流ラインにロボットを導入して効率化を図る」なども業務変革の領域です。さらに、「システムの大半をクラウド環境に移し、会社に来なくても、どこからでもこれまでの業務ができる環境に移行し、社員の働き方を変える」なども、業務変革の一環といえるでしょう。

これに対して、事業変革はなかなかイメージがつかめないという人もいるでしょう。例えば、マンションや戸建て住宅の販売会社において、「現実のモデルルームを核とした販売方式から、VRや仮想空間による販売方式に移行し、顧客との接点や販売道線を大きく変える」などが具体的な例として挙げられます。

さらには、営業から見積、納品、請求に至るまでの業務をシームレスで行い、社内の誰もが共通のデータを分析・活用できるようにして、生産性の向上などを含む企業そのものの体質や仕組みを変えてしまった場合も、事業変革といえるでしょうね。

図9-2-1にあるように、DXによる業務変革を大別すると、顧客接点から営業における「営業系フロントDX」、基幹系を中心とした「基幹系バックヤードDX」の2つが大きな核となります。そこに、業種特性に応じて「生産/物流系ロジスティクスDX」が入ってくる、という構造です。その上で、それぞれの組み合わせや連携により事業変革を生んでいく、というのがDXのポイントだと捉えてください。

ただし、DXを実現するには様々なアプローチや考え方があり、いまだに「これがDX戦略の王道だ」というものはありません。

そこで次節以降では、自社のDX化戦略構築に役立つヒントや考え方を説明しておきます。

第9章　DX戦略構築

## システム構成図・イメージ（9-2-1）

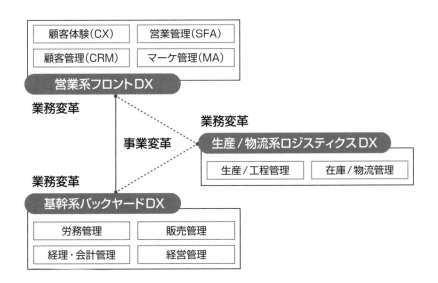

# DX 戦略構築手法

ここでは、現状分析からの DX 戦略構築のヒント・手法を説明します。

## ◇ 現状分析から自社の DX 戦略の方向性を見極める

5-15節で説明した情報システム診断の結果には、自社のDX戦略構築のヒントとなる手法が多く隠されています。現状分析結果のために、次の3つのアプローチを試みてください。

### ❶システム間連携・データ有効活用の観点からのアプローチ

旧来のシステムに多く見られる問題としては、システム同士の連携がとれておらず、データがバラバラに散在していて有効活用ができないために、二重入力などの余計な手間がかかり、各部門独自のデータ活用によるガラパゴス化も進む、などが挙げられます。

### ❷コスト・手間の観点からのアプローチ

現在のシステム維持費と共に、そこにかかっている人員コストなどを含めたトータルコストも見直してください。また、システムまわりにおいて、いまだにシステム化されず手作業が残っている処理も多くあるでしょう。こういったコストの削減にも目を向けるべきです。

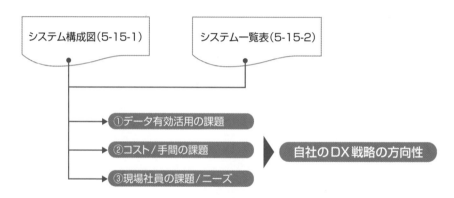

情報システム診断からの DX 戦略構築のヒント（9-3-1）

**❸現場ニーズの観点からのアプローチ**

各部門の社員が抱いている現状システムの課題や不満、こうあったらいいと思うニーズの中にも、多くのヒントが隠されています。

## ◇ DX 戦略構築のための下準備

前項のDX戦略構築手法へのアプローチを整理して見やすく帳票化したものを、図9-3-2に示します。このシートを活用すれば、自社におけるDX戦略の方向性についてのヒントが得られるはずです。

DX 戦略構築検討シート（9-3-2）

| 大項目 | 項目 | 内容 |
|---|---|---|
| システム間連携データ有効活用 | システム間連携の課題 | |
| | 部門独自情報保有の課題 | |
| | 情報利活用の課題 | |
| コスト / 手間 | システムコストの課題 | |
| | 見えないコストの課題 | |
| 現場課題 / ニーズ | 各部門におけるシステムの課題 | |
| | 各部門におけるシステム化のニーズ | |
| | その他のニーズ | |

現状から分かる自社における DX の方向性

# 4 営業系フロント DX 戦略構築手法

ここでは、特に営業系や顧客関連のフロント DX の戦略構築について、ヒントと手法を説明します。

## ◇ 営業系フロント DX とは

　ここではフロントを「顧客最前線」という意味で使っており、販売や営業などの顧客接点における活動をDXしていくことを**営業系フロントDX**と呼んでいます。これは顧客側と企業側の2つに大別されます。

　顧客側は、検討から購買、さらにはアフターサービスに至るまでの顧客体験を、ITやその他のデジタル技術を活用して変革していくものです。

　一方の企業側は、営業/販売のバックヤードに当たるものです。販促・広告などのマーケティングから営業管理、購買後の顧客管理までを、従来のように担当者の経験や勘に頼るのではなく、ITの活用によって情報の集約と効率化を進め、より高いパフォーマンスを実現するものです。

　これらを図に表したものを図9-4-1に示します。

営業系フロント DX の概念図（9-4-1）

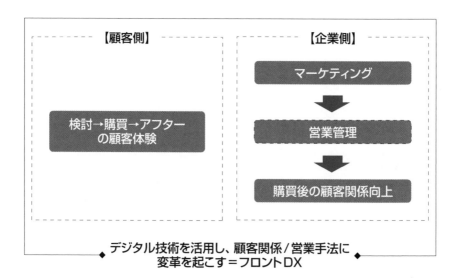

## ◇ 営業系フロント DX におけるシステム

　この営業系フロントDXを構成するシステムも細かく分類されています。DXに欠かせない仕組みやシステムを、用語解説も兼ねて一覧化しておきます（図9-4-2）。それぞれの領域で様々なソフトウェアメーカーがシステムを提供しています。それらをどのように組み合わせ、活用していくがポイントとなります。

　CX（顧客体験）は、体系化されたものがなく、企業ごとに工夫や試行錯誤が行われている領域です。こちらも日進月歩で新しいデジタル技術が出てきているため、何を活用すれば自社の思いが顧客に一番伝わるか、を念頭に置いて活用することをお勧めします。

### 営業系フロント DX と主要システム（9-4-2）

| 管理領域 | システム等名称 | 概　要 |
|---|---|---|
| マーケティング管理 | MA（マーケティング・オートメーション） | デジタル化された販促・広告を自動化し、結果データを可視化することにより、生産性や効果を向上させる |
| 営業管理 | SFA（セールス・フォース・オートメーション） | 顧客購買までを個人の経験や勘に任せるのではなくシステムで管理・実行・データ活用していく |
| 顧客管理 | CRM（カスタマー・リレーション・マネジメント） | 顧客との関係強化のために顧客属性、購買履歴、顧客対応などを管理・分析し、固定客化や顧客当たりの購買金額向上を図る |
| 顧客体験 | CX（カスタマー・エクスペリエンス） | 顧客接点においてデジタル技術を活用し、購買検討から購買後に至る体験向上を図る |

第9章 DX戦略構築

# 5 基幹系バックヤード DX 戦略構築手法

ここでは、特に基幹系といわれる、企業のバックヤードを支える DX の戦略構築について、ヒントと手法を説明します。

## ◇ 基幹系バックヤード DX とは

　**基幹系**のシステムは、経理や会計など企業のお金にまつわる活動を集約し、最終的に決算書や経営管理資料に落とし込むことを目的としています。全ての活動をお金とひもづけする、企業において必須のシステムということで "基幹" と呼ばれています。

基幹系バックヤード DX の概念図（9-5-1）

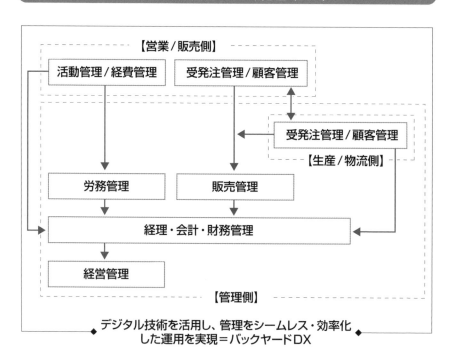

デジタル技術を活用し、管理をシームレス・効率化した運用を実現＝バックヤードDX

営業／販売側でも、経理を主体とした基幹系のシステムを利用している場合が多いことでしょう。そのため、営業・販売側にとって自由に活用するのは難しく、部署独自のシステムや表計算ソフトなどを利用した作業が増えてしまいがちです。

また、生産・在庫系は業種によってシステムの内容が大きく異なります。製造業では生産管理・工程管理・在庫管理システム、卸などでは在庫・物流管理システム、建設業などでは工程管理システム……。

基幹系バックヤードシステムDXでは、全ての活動が基幹といわれるシステムに吸い上げられて統合されるイメージとなります（図9-5-1）。

## ◇ 基幹系バックヤード DX の注意事項

この基幹系は、多くの企業が何らかのシステムをすでに利用しているはずです。そのため、システムの変更は簡単には決断できません。失敗すれば企業活動そのものが停滞し、大きな打撃となるためです。

基幹系DXは営業系などと異なり、外部の専門家の意見も参考にして、数年間かけて入念に検討した上で導入するのが普通です。また、システムの利用者は全部門にわたっており、検討すべき項目も多岐にわたります。図9-5-2に代表的な検討事項をピックアップしておきます。

基幹系バックヤード DX における検討事項（9-5-2）

| 項　目 | ポイント |
|---|---|
| コスト | 現状と比べてコストがどのように変化するか |
| データ移管 | 既存データが問題なく移管されるか |
| 生産性 | 全体の人員削減や生産性向上につながるか |
| 各部ニーズ | 経理・財務部門だけでなく、全社のニーズや不満をつかみ、どこまで解決できるか |
| 情報利活用 | 情報がバラバラに存在していないか、情報の利活用がどのようにできるか |
| 各部門システムの取り込み | 各部門で利用しているシステムを基幹系に取り込み、シームレスな運用ができないか |
| システム連携 | 各部門で利用しているシステムにおいて、API（アプリケーション・プログラミング・インターフェイス）などによる連携ができるか |

第9章 DX戦略構築

9-5　基幹系バックヤードDX戦略構築手法

# 6 時流に適応するための DX 戦略構築

IT 技術は常に激しく移り変わっています。そこでここでは、最新の IT 技術に対応していくための DX 戦略構築における注意点を説明します。

## ◇ クラウド / サブスクの利用

　従来は、自社内にサーバーを立ててソフトをインストールする、という「**オンプレミス」型**のシステムが主流でした。

　しかし今日では、通信環境の発達とパソコンなどの小型化、ハイスペック化に伴い、インストールを必要とせずWeb上でソフトを利用する「**クラウド**」型のシステムへの移行が進んでいます。クラウド型システムの特に優れているところは、ネット環境があれば、どこからでも、どの端末からでも接続できるという部分。さらに、ソフトウェアも常に最新版に更新され、買い換えや再インストールが不要というメリットもあります。また、テスト的な利用が簡単にできるため、導入後に「こんなはずではなかった」となるリスクも軽減できます。

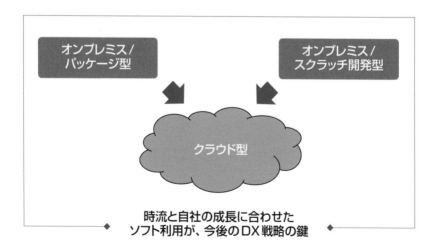

主流となるクラウドサービス（9-6-1）

オンプレミス /
パッケージ型

オンプレミス /
スクラッチ開発型

クラウド型

時流と自社の成長に合わせた
ソフト利用が、今後のDX戦略の鍵

　また、クラウド型サービスでは料金の支払い形態も「毎月、使用量や使用人数に応じて定額を支払う」という**サブスクモデル**となっています。

　サブスクモデルのいいところは、初期導入費用が非常に安く、開始も契約打ち切りも簡単だという点です。一方、「値上げや使用量拡大によって、ランニングコストが高くなっていく」傾向があることには注意が必要です。

　これまでは自社専用ソフトを一から開発していたという企業も多かったでしょう。しかし、今後の第四次産業革命の進展についていくには、クラウド型のソフトウェア製品の利用がお勧めです。基幹系では、乗り換えは容易なことではないかもしれませんが、それでもその時々の最適なシステムの利用を考慮することが、DX戦略を構築する上で大きなポイントとなることは間違いないでしょう。

　なお、DX戦略の構築にあたっては、ベンチマーク企業を参考にするのもひとつの手です。ベンチマーク企業がどのようなDX化を実現しているか、クラウドサービス事業者からかなりの情報を得られることもあるので、確認してみることをお勧めします。

## ◇ クラウド型サービスへの移行時の注意点

　今後、DX戦略を構築・実行する際には、サブスクモデルのクラウド型サービスを利用する場面が増えることでしょう。そこで、クラウド型サービスへの移行時の注意点を図9-6-2にまとめておきます。

第9章　DX戦略構築

### クラウド型サービスへの移行時の注意点（9-6-2）

| 項　目 | ポイント |
|---|---|
| カスタマイズ性 | ローコード／ノーコードといわれる、専門のITエンジニアがいなくても自社に合わせたカスタマイズできる容易性は、選択時の大きなポイント |
| 拡張性と互換性 | クラウド型は、他のソフトとの互換性（API連携など）や今後の拡張余地（自社の成長に合わせた拡張余地があるか）も重要なポイント |
| 企業の信頼性 | クラウド型サービスがいきなり停止するのは、事業運営が停止するのと同義であるため、提供側企業の信頼性チェックは欠かせない |
| セキュリティ性 | 企業の信頼性とも連動するが、セキュリティの強度も必ず確認すること。また、自社内の利用（ID/PASS管理や利用制限など）におけるセキュリティ強化も欠かせない |
| 経済性 | クラウド型サービスの提供企業の多くは、値上げを毎年に近い頻度で実施してくる。その場合の契約内容や条件交渉、また、自社の事業・業務の拡張に応じたコスト変化のシミュレーションも必須 |

# DX 戦略構築に向けて

これまでに紹介した様々な角度・観点を集約し、自社の DX 戦略を構築する方法の総括をします。

## ◇ 4 つの観点からの DX 戦略構築

まず図9-7-1をご覧ください。DX 戦略を構築するにも、様々な角度からの検討事項や社内からの意見・要望があります。それらを総合的に判断し、自社の "あるべきDX戦略" を構築します。

構築にあたっての主な観点は4つあり、その内容は次のとおりです。

### ❶現状システムの課題・ニーズ

…まず、DX 戦略構築検討シートで現状システム課題にあたりをつける

### ❷顧客接点からのDXのあり方

…顧客体験や顧客接点におけるDX戦略の詳細を検討する

### ❸基幹系システムにおける課題・ニーズ

…現状の基幹系システムを中心としたシステムにおけるDX戦略の詳細を検討する

---

DX 戦略構築の観点 （9-7-1）

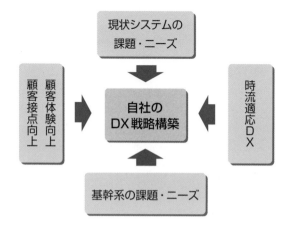

---

## ❹時流に適応したDX対応

…最新の各種システムの動向を見ること。また、自社と同じ業種企業や同規模企業の中で、DXで先行している会社のベンチマークなどを実施

以上4つの観点から自社のDX戦略を検討するための集約シートを図9-7-2に示すので、こちらもご活用ください。

### DX戦略ポイント集約シート（9-7-2）

| 項目 | DX戦略ポイント |
|---|---|
| 現状システムの課題 | |
| 現状システムのニーズ | |
| 顧客接点(営業・販促)ニーズ | |
| 顧客体験向上ニーズ | |
| 基幹系システムの課題・ニーズ | |
| 最新DXで取り入れたい内容 | |
| 同業種ベンチマーク | |

### DX戦略の方向性

第 ⑩ 章

# 基本経営計画立案

　この章からは、ビジョンと基本戦略に基づき、具体的な3ヵ年の中期経営計画を立案していきます。

　まずこの章では、基本経営計画の立案を行います。基本経営計画は、事業領域や新規事業・撤退事業などを含む事業全体の計画に関わる「事業計画」、組織やマネジメントなどの内部体制に関わる「組織・マネジメント計画」、それらを部門別に落とし込んだ「部門別計画」を含みます。そして、これらの計画を実施したときの会社へのインパクトの算定を行います。

# 基本経営計画とは

この章では、中期経営計画の基本経営計画の立案を行います。
まずこの節では、基本経営計画立案の全体像について説明します。

## ◇ 基本経営計画の構築

**基本経営計画**は、ビジョン（第3章）およびそれを達成するための基本戦略（第8、9章）に基づき、それをより具現化して計画に落とし込む業務をいいます（図10-1-1を参照）。

この基本経営計画は、大きく「事業計画」、「組織・マネジメント計画」の2つのパートに分け、さらにそれらの施策インパクトを考えるようにすると分かりやすいでしょう。

### ❶事業計画

事業計画は、現在展開している事業の方向性といった根幹的部分を計画するものです。どの事業を推進し、どこを撤退するのか、また、新たに参入する領域や事業はあるのか——など、新規事業・既存事業におけるビジネスモデルやマーケティング面を中心とした計画づくりです。特に既存事業においては、商品、営業、バックヤードなどがうまく連携してはじめて、強いビジネスモデルとなります。バラバラに考えるのではなく、それぞれの連携を考慮しつつ計画を組んでください。

### ❷組織・マネジメント計画

組織・マネジメント計画は、計画を達成するための組織計画や組織変更、そしてモチベーションや人材力の向上を図るための人事制度改定などを計画する部分です。

ビジネスモデルを運用するのもビジョンを達成していくのも、結局は"人"です。人に関わる計画も、中長期的なスパンで、確実に計画に落とし込んでください。

### ❸施策インパクトの算定

事業計画、組織・マネジメント計画を実施することにより、数字的にはどれくらいのインパクトが見込めるか、を算定します。これにより、ビジョンが達成できるかどうかをチェックします。

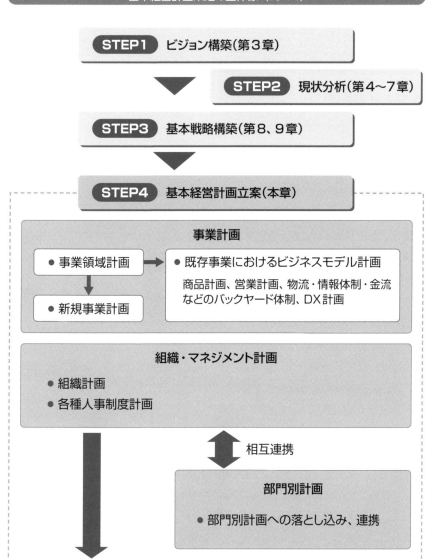

基本経営計画策定の全体像（10-1-1）

**STEP1** ビジョン構築（第3章）

**STEP2** 現状分析（第4～7章）

**STEP3** 基本戦略構築（第8、9章）

**STEP4** 基本経営計画立案（本章）

**事業計画**

● 事業領域計画 → ● 既存事業におけるビジネスモデル計画

　商品計画、営業計画、物流・情報体制・金流
　などのバックヤード体制、DX計画

● 新規事業計画

**組織・マネジメント計画**

● 組織計画
● 各種人事制度計画

相互連携

**部門別計画**

● 部門別計画への落とし込み、連携

**各施策インパクトの算定**

＊経営計画策定の全体像については1-10節を参照

# 2 事業計画策定―事業計画とは

ここでは、事業計画策定について解説します。

## ◇ 事業計画とは

**事業計画**は、自社の事業ビジョンと基本戦略に基づき、それを具現化するものです。ポイントとしては、第3章で策定した「事業ドメイン方針」や「ビジネスモデルの変更」、および第8、9章で策定した「基本戦略」に基づき、その内容を具体的な計画に落とし込むこととなります。事業計画策定におけるポイントは次のとおりです。

### ●新しい事業ドメインにおける新規事業の展開

事業ドメイン方針の中で、新規事業に参入していくことを決定した場合、その計画を数値面も含めて詳細に落とし込んでいきます。

### ●既存事業におけるビジネスモデルの強化計画

- **商品開発、商品改良、価格や粗利政策の方向性**

  商品・価格政策は非常に重要なポイントとなります。その詳細を設計します。流通関連業種の場合は仕入政策としてお考えください。

- **営業モデル計画**

  営業におけるマーケティングおよび販促・営業モデル、営業DX化の推進などをどのようにするか、詳細に落とし込んでいきます。

- **物流面、金流面、バックヤードDX化などのモデルにおける変更点**

  その他、ビジネスモデルで重要となる物流面、お金の回収などを含めた金流面、そして重要なDXを含めた各種システムの仕組みなど、バックヤードを支える各種の仕組みをどのようにしていくかを考えます。

基本の方針や戦略に基づきながら、より詳細に落とし込み、現場で実践していくための設計図をつくることが、事業計画においては重要です。この設計図がないと、方針や戦略は「画餅」となり、実施されないまま終わってしまいます。この視点から、事業計画の持つ意味を理解してください。

## 事業計画とは（10-2-1）

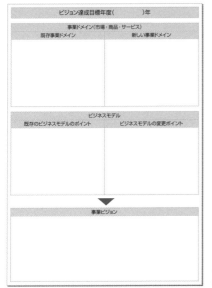

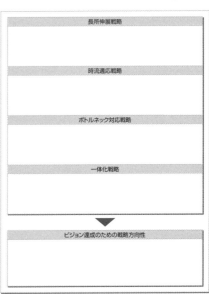

**事業計画**

● 事業領域計画

　→● 新規事業計画

　→● 既存事業におけるビジネスモデルの強化計画

　　　● 商品計画
　　　● 営業モデル計画
　　　● 物流・情報体制などのバックヤードモデル変更計画
　　　● DX計画

　　　　　　　　　　　…etc.

# 事業領域計画

まずは、どの事業領域を強化し、どこは縮小、均衡もしくは撤退するか、といった各事業の基本計画を立てる必要があります。

## ◇ 事業領域計画について

　まず必要となるのが、理念およびビジョンや基本戦略に基づいて、どの事業を強化し、どの事業はあまり強化しない、もしくは撤退するのか、といった基本的な事業領域、各事業に対する具体的な計画です。

　さらに、従来とは異なる領域への進出も考えている場合、その計画化も必要です。

　このような新規参入・既存強化・撤退といったことを実施するために、M&Aも選択肢の1つとなるでしょう。

　これらを考慮し、より具体的な計画に落とし込むのが、この**事業領域計画**です。どのような会社も「人・モノ・金」には限界があります。それらをどこに重点的に投入していくか——その判断が企業の命運を分けることにもなります。

## ◇ 事業領域計画の構築

　事業領域計画は、大きく3つのポイントで考えます。

### ❶強化すべき事業領域の計画

　既存事業の中で、より強化していくべき、伸ばしていくべき事業領域を決め、その売上や利益、それらを達成するために必要な投資、具体的なポイントを明確にします。

### ❷撤退もしくは縮小していくべき事業領域の計画

　事業の中には、思い切って撤退もしくは戦略的な縮小をするべき領域もあります。撤退に関しては、他社への売却なども選択肢の1つでしょう。

### ❸新規参入していくべき事業領域の計画

　すでに進出している領域とは無関係の領域、あるいは領域的に近いけれども進出には大がかりな投資が必要な領域の場合、新規参入はこのくくりで計画します。例えば海外進出などもその1つでしょう。

これには、自社独自、提携あるいはM&Aなど様々な選択肢があり、いずれにしても投資が必要となります。これらを計画に落とし込む必要があります。

## 事業領域計画構築シート（10-3-1）

**強化していくべき事業領域**

| 事業名（　　　） | 1年後 | 2年後 | 3年後 |
|---|---|---|---|
| 売上高 | | | |
| 限界利益（粗利）高 | | | |
| 営業利益高 | | | |
| 必要投資額 | | | |
| ポイント | | | |

| 事業名（　　　） | 1年後 | 2年後 | 3年後 |
|---|---|---|---|
| 売上高 | | | |
| 限界利益（粗利）高 | | | |
| 営業利益高 | | | |
| 必要投資額 | | | |
| ポイント | | | |

**撤退もしくは縮小していくべき事業領域**

| 事業名（　　　） | 1年後 | 2年後 | 3年後 |
|---|---|---|---|
| 売上高 | | | |
| 限界利益（粗利）高 | | | |
| 営業利益高 | | | |
| ポイント | | | |

| 事業名（　　　） | 1年後 | 2年後 | 3年後 |
|---|---|---|---|
| 売上高 | | | |
| 限界利益（粗利）高 | | | |
| 営業利益高 | | | |
| ポイント | | | |

**新規参入していくべき事業領域**

| 事業名（　　　） | 1年後 | 2年後 | 3年後 |
|---|---|---|---|
| 売上高 | | | |
| 限界利益（粗利）高 | | | |
| 営業利益高 | | | |
| 必要投資額 | | | |
| ポイント | | | |

# 4 新規事業計画

ここでは新規事業計画の立案について述べます。

## ◇ 新規事業計画について

前節の事業領域計画の中で、新規領域への参入に関しては、**新規事業計画**として計画化する必要があります。

ここで重要となるのが、その事業の採算性です。新規事業計画の一部である投資採算計画の構築シートを図 10-4-1 に示します。

このシートではまず、新規事業としてどのような投資が発生し、総額でいくら必要となるのか、そして、その投資分を自己資金と借入金なども含めてどのようにまかなうのか、などを算定します。そして次に、投資に対する収益見込み（損益計画）を策定し、その事業のキャッシュフローでどれくらいの年月で回収できるかを算定します。

投資回収の目安は3～5年ですが、これは短いに越したことはありません。また、過去には投資回収に10年程度かかる投資もありましたが、それは経済が右肩上がりの時代であり、今日のような時流変化の激しいときには、やはり長くとも5年、できれば3年以内に投資回収ができる見込みのものでないと、新規事業に出ていくという判断はなかなか難しいでしょう。

## ◇ 新規事業にはフィージビリティスタディが必要

ここでは紙面の関係で新規事業の投資採算計画のみを構築シート付きで説明していますが、実際には、その事業の可能性を検証する**フィージビリティスタディ**が必要です。投資採算に加えて、最低限、次の項目をチェックし、参入の検証をする必要があります。また、M&Aなどもこれらの項目についてチェックしてください。

- その事業の市場規模とその推移、対象とする顧客の動向や特性
- その事業で成功している企業、トップ企業の成功ポイント
- 参入においてクリアすべき課題とその対策
- 参入に際して想定される競合とその特性　　…etc.

## 新規事業の投資採算計画構築シート（10-4-1）

単位：千円

| 投資項目 | 金額 | 備考 |
|---|---|---|
|  |  |  |
|  |  |  |
|  |  |  |
|  |  |  |
|  |  |  |
|  |  |  |
|  |  |  |
|  |  |  |
|  |  |  |
|  |  |  |
|  |  |  |
| ①投資合計 |  |  |
| うち自己資金 |  |  |
| うち借入金 |  |  |

借入金計画

| 返済年数 |  |  |
|---|---|---|
| 返済方法 |  | ※元金均等、元利均等 |
| 借入金利率 |  |  |

| 項目 | 初年度 | | 2年目 | | | 3年目 | | |
|---|---|---|---|---|---|---|---|---|
|  | 金額 | 構成比 | 金額 | 構成比 | 伸び率 | 金額 | 構成比 | 伸び率 |
| 売上高 |  |  |  |  |  |  |  |  |
| 原材料費 |  |  |  |  |  |  |  |  |
| 粗利高 |  |  |  |  |  |  |  |  |
| 諸経費合計 |  |  |  |  |  |  |  |  |
| 人件費(a+b) |  |  |  |  |  |  |  |  |
| 正社員人数 |  |  |  |  |  |  |  |  |
| a：正社員人件費 |  |  |  |  |  |  |  |  |
| b：その他人件費 |  |  |  |  |  |  |  |  |
| ②減価償却費 |  |  |  |  |  |  |  |  |
| 地代・家賃 |  |  |  |  |  |  |  |  |
| 販促・広告宣伝費 |  |  |  |  |  |  |  |  |
| リース費用 |  |  |  |  |  |  |  |  |
| その他費用 |  |  |  |  |  |  |  |  |
| 営業利益額 |  |  |  |  |  |  |  |  |
| 本部配賦費用 |  |  |  |  |  |  |  |  |
| 金利など |  |  |  |  |  |  |  |  |
| ③経常利益額 |  |  |  |  |  |  |  |  |
| ④事業キャッシュフロー |  |  |  |  |  |  |  |  |
| ⑤事業キャッシュフロー(②+③) |  |  |  |  |  |  |  |  |
| ⑥投資回収残額(①-⑤) |  |  |  |  |  |  |  |  |

# 5

# 既存ビジネスモデル強化計画①
# …商品基本計画

ここからは、既存ビジネスモデルの強化計画について説明していきます。その1つ目として、商品に関わる部分の計画です。

## ◇ 商品基本計画とは

　ビジネスモデルにおいて基本となるのが「商品」です。特にマーケティングにおいて何よりも大切なのが、この「商品」であり、心臓部といっても過言ではありません。この商品におけるポイントは、メーカーと小売・サービス業や卸とでは考え方が若干変わりますが、ここでは共通の説明としています。

　**商品基本計画**において重要になるのは次のポイントです。

### ❶商品価格政策

　"値づけは会社の命"といわれるくらい、価格政策は重要です。対象顧客の予算帯に合わせて、値づけをどうするかを徹底的に考えましょう。こちらが想定した対象顧客の予算帯と実際の顧客の予算感が合わなければ、よい商品であっても売れません。価格政策により、売上高は大きく左右されます。

### ❷商品粗利政策

　商品粗利政策は、原材料や製造コストの見直し、仕入先との交渉、新規仕入先開拓などと絡んできます。商品粗利率を売上対比で1%改善するのは容易ではありません。ただし、この項目により利益率は大きく左右されます。

### ❸商品在庫政策

　キャッシュフローを改善するには、在庫政策を考えることが近道です。物流政策とも絡んできますが、適正在庫管理と在庫圧縮は非常に重要です。

### ❹マーケットシェア政策

　「市場の中で一番のシェアを獲得できるメイン商品をいくつ持てるか」が戦略上重要です。シェアについては4-5節を参照してください。

## ❺商品開発 (R&D) および改廃計画

　最後に商品開発 (R&D) および既存商品の改廃です。どのような商品をターゲットに対して投入していくか、開発するかは、業種を問わず重要です。

商品基本計画構築シート（10-5-1）

商品価格政策

|  | 現状 | 1年後 | 2年後 | 3年後 |
|---|---|---|---|---|
| ターゲット顧客における中心予算帯と状況 |  |  |  |  |
| 価格政策 |  |  |  |  |

商品粗利策

|  | 現状 | 1年後 | 2年後 | 3年後 |
|---|---|---|---|---|
| 商品粗利率 |  |  |  |  |
| 粗利策のポイント |  |  |  |  |

商品在庫圧縮策

|  | 現状 | 1年後 | 2年後 | 3年後 |
|---|---|---|---|---|
| 商品在庫回転率 |  |  |  |  |
| 圧縮策のポイント |  |  |  |  |

マーケットシェアの向上策

|  | 現状 | 1年後 | 2年後 | 3年後 |
|---|---|---|---|---|
| 商品マーケットシェア率 |  |  |  |  |
| 向上策のポイント |  |  |  |  |

新商品の開発(仕入開拓)および改廃

|  | 現状 | 1年後 | 2年後 | 3年後 |
|---|---|---|---|---|
| 新商品投入計画数 |  |  |  |  |
| 商品廃止数 |  |  |  |  |
| 商品投入のポイント |  |  |  |  |

第10章　基本経営計画立案

# 6 既存ビジネスモデル強化計画② …営業モデル計画

既存ビジネスモデル強化計画の 2 つ目、営業モデル計画のポイントを説明します。

## ◇ 営業モデル計画とは

　商品が確定すると、その商品をよりたくさんの顧客に買ってもらわなければなりません。特に、日本における中小メーカーは、この営業的側面、マーケティング的側面が一般的に弱いように思われます。売上を伸ばしていくには、この**営業モデル**をどのように組んでいくかが重要なポイントとなります。

　営業モデルの設計の際は、大きく分けて次の4項目について検討します。

### ❶対象顧客および対象商圏について

　ターゲットと商品は密接に絡み合っています。どの商品をどの対象層に販売していくかは、マーケティングの基本となります。企業向けビジネスであれば、どのような業種、どのような規模（年商や従業員数）をターゲットとするか、また、消費者向けビジネスであれば、性別、年齢層、年収層などです。このようなターゲット顧客層の明確化、および変更・拡大が大きなポイントです。

　また、対象商圏を明確化することも重要です。どのエリア（海外含む）まで商圏を広げるか、によっても営業施策は大きく変わってきます。

### ❷見込み客発掘マーケティングモデルについて

　次に、見込み客を発掘するためのマーケティングモデルです。これは簡単にいうと、上記の対象顧客に対して、自社または自社の商品をどのように認知してもらい、興味を持ってもらうか——の策です。広告宣伝などの認知策や、直接的な集客方法である販売促進策の手法、モデルの変更などがここに入ってきます。

### ❸見込み客に対するセリングモデルについて

　さらに、上記の見込み客に対して、購買およびリピートを促す手法を考えます。営業では、このセリングとマーケティングを混同している場合もありますが、分けて

考えるべきです。企業向けであれば、見込み客への営業手法であり、小売やサービス業であれば、来店してもらった顧客の購買を促進する接客や店舗のあり方、陳列などが対象となります。

## ❹DXモデルについて

　最後に、❶〜❸の流れにおいて、DX対応ができる部分を検討します。マーケティングからセリングまでの効率化、最適化、さらには顧客体験に至るまでをデザインします。

---

### 営業モデル構築シート（10-6-1）

#### 対象顧客・対象商圏の拡大・変更

| 現状と課題 | 変更ポイント | 期間や実施事項・投資など |
|---|---|---|
|  |  |  |

#### 集客・認知・広告→見込み客発掘マーケティングポイントの変更

| 現状と課題 | 変更ポイント | 期間や実施事項・投資など |
|---|---|---|
|  |  |  |

#### 営業・購買（売場・接客含む）→見込み客に対するセリングモデルの変更

| 現状と課題 | 変更ポイント | 期間や実施事項・投資など |
|---|---|---|
|  |  |  |

#### 営業DX化→デジタル、IT技術を利用した営業モデルの変更

| 現状と課題 | 変更ポイント | 期間や実施事項・投資など |
|---|---|---|
|  |  |  |

第10章　基本経営計画立案

# 既存ビジネスモデル強化計画③
## …その他モデル計画

既存ビジネスモデル強化計画において、商品・営業モデル以外の、DX を含む情報流・物流・金流のポイントを説明します。

## ◇ バックヤードの DX モデルについて

第9章「DX戦略構築」でも述べましたが、日々進化し続けているのが情報システムまわりです。バックヤードの効率化・生産性向上や戦略的観点から、DX戦略に基づいて情報システムをどのように構築していくかも、経営計画には欠かせなくなっています。特にDXへの投資額は大きく、それに関わるシステム変更は会社にとっても大きな判断が必要な項目です。それだけに、会社として明確な戦略を持っておかなければなりません。

## ◇ 物流モデルについて

バックヤードを支えるビジネスモデルにおいて、欠かせないものの1つが"物流"です。人口減少が進む日本において、市場が伸びにくくなった中、コスト削減の大きなポイントとしても注目を浴びています。そのため、船井総研グループにおいても、この物流改善の業務は増加し続けています。

物流モデルの観点は次の3つです。

- 物流コストの見直し
- 在庫の持ち方の見直し（商品計画と連動）
- 営業モデルに基づいた商品デリバリーなどを含む物流サービスレベルの見直し

これらを再構築し、最終的には「物流コストをどうするか」まで落とし込んでいかなければなりません。

## ◇ 金流モデルについて

金流とは、あまり聞き慣れない言葉かもしれません。しかし、キャッシュフロー経営において、お金の回収をどのようにしていくかは重要問題です。自社の利便性を考

えながら、いかに確実に、より早く売上金回収をするかがポイントです。

　また、この金流においても様々なサービスが登場しているので、それらを有効活用することも検討してください。返済（債務）においても同様です。

## その他ビジネスモデル構築シート（10-7-1）

DX（情報システム）基本策

|  | 現状 | 1年後 | 2年後 | 3年後 |
|---|---|---|---|---|
| 売上対情報システム費比率 |  |  |  |  |
| 情報システム投資額 |  |  |  |  |
| 投資に対し見込める効果 |  |  |  |  |
| DX化のポイント |  |  |  |  |

物流基本策

|  | 現状 | 1年後 | 2年後 | 3年後 |
|---|---|---|---|---|
| 売上対物流経費比率 |  |  |  |  |
| 物流策のポイント |  |  |  |  |

金流基本策

|  | 現状 | 1年後 | 2年後 | 3年後 |
|---|---|---|---|---|
| 短期債権回転率 |  |  |  |  |
| 短期債務回転率 |  |  |  |  |
| 金流策のポイント |  |  |  |  |

＊債務・債権回転率は、売上高÷（短期もしくは長期）債務額・債権額

第10章　基本経営計画立案

基本経営計画立案

# 組織・マネジメント計画①
# …組織体制

ビジョンの達成やビジネスモデルを支える組織体制やマネジメント体制は、計画を立てる上でも重要です。

## ◇ 組織の変更について

　組織・マネジメント計画において大きなポイントとなるのが、まず"組織体制"です。ビジョンを達成し、強いビジネスモデルを支えるための組織がどのようにあるべきかは、従業員が100名を超えてくる企業にとっては、毎年の重要な問題でもあります。また、組織体制と共に、その組織を支える人材をどのように配置するかは、経営層のさらに大きな悩みの種でしょう。

　株式公開をしている著名な一流企業ならまだしも、一般的な企業において、優秀な人材が豊富に揃っているところは少ないでしょう。そのような中で最大限のパフォーマンスを発揮するには、次のポイントを考えなければなりません。

- 組織機能のあり方
- 組織機能における人材のあり方

### ❶組織機能のあり方

　これは、それぞれの部署にどのような機能や責任範囲、権限を持たせるかということです。どのような階層レベルを設けるかも重要です（5-11節も参照）。

　組織機能については簡単な検討で済まされがちですが、そのあり方により、会社の方向性を大きく左右することにもなるので、ビジョンやビジネスモデルと照らし合わせて十分に検討してください。

### ❷組織機能における人材のあり方

　こちらは、毎年の年度計画の部分になってきますが、組織機能に対して、どのような人材をその箱に当てはめるかも重要です。

　船井総合研究所では、「組織はトップで決まる」といっています。それぞれの組織機能の長を誰にするかで、業績に大きな影響が出てくるからです。

　これらを慎重に考えて、組織を決定してください。

## 組織計画構築シート（10-8-1）

### 現状組織図

### 新組織図構想

【新組織体制におけるポイント】

基本経営計画立案

# 組織・マネジメント計画②
# …人事制度

組織・マネジメント計画の中で、組織以外の各種人事制度に関する部分の計画について述べます。

## ◇ 各種人事制度の再設計計画について

　マネジメントにおいては、理念・ビジョンを達成し、ビジネスモデルをより効果的・効率的に運用していくための「人のモチベーション」が非常に重要です。それに大きく影響を与えるのが、ここで述べる各種人事制度のあり方であり、それを再設計するのが**マネジメント計画**です。

### ❶賃金関連の計画

　従業員の意識に最も働きかけやすいのが、この賃金関連です。賃金制度のあり方、賞与、退職金など、全体の人件費コントロールが必要な中で、どのように配分すれば会社も従業員も共に幸せになっていけるか——ということが重要なポイントでしょう。そのための各種制度のあり方に関しては、3年程度ではなく、もう少し長い中長期的スパンで考えていく必要があります。それに基づいて、徐々に制度変更を行っていく計画を立ててください。

### ❷評価制度関連の計画

　❶と連動しますが、どのように頑張れば、また、どのように役割と責任を果たせば、評価されるのかも重要です。この評価制度は、賃金制度などと違って、毎年、見直しをかけるべきです。なぜなら、組織や重点事項、会社の方向性も毎年変わるからです。それらの変化に沿って臨機応変に対応していく計画を立ててください。

### ❸教育制度・採用制度の計画

　人材の採用そして育成は、どの会社にとっても重要事項の1つです。教育制度においては、人材レベルとビジョンとのギャップに基づいて、必要な能力をつける計画を立てていかなければなりません。

　また、採用に関しても同様です。特に労働人口が減少しつつある日本では、この採用制度の重要性が増しています。

## ❹その他人事制度の計画

　そのほか、労働環境や法規制などの変更に伴って、人事のあり方も変更していく必要があります。特に労働環境の変化への対応（例えば女性や高齢者の活用、パートや契約社員のあり方など）は、計画的目線が必要です。

### 人事制度再設計シート（10-9-1）

**人事基本策**

| 項目 | 人事制度における現状の課題・方向性の集約 |
| --- | --- |
| 人事制度における課題・方向性（賃金・評価・教育・各種規程・労働時間など） | |

**人事制度変更計画**

| 項目 | 1年後 | 2年後 | 3年後 |
| --- | --- | --- | --- |
| 賃金・賞与・退職金などの変更 | | | |
| 評価制度昇進・昇進基準などの変更 | | | |
| 教育（人材育成）制度採用制度などの変更 | | | |
| 労働環境・労働時間法規変更への対応その他の人事制度変更 | | | |

第10章　基本経営計画立案

10 基本経営計画立案

# 各事業部門への落とし込み

事業計画や組織・マネジメント計画は、各事業部門への落とし込みや連携が、計画を立てる上で必要となってきます。

## ◇ 各部門への落とし込みと連携について

全社経営計画を立てる上で重要となるのが、部門別計画の考え方です。特に、各部門がまったく違う業務を行っているときなどは、全体の連携が必要です。そこで、部門への落とし込みや連携における計画づくりの基本的な考え方を以下に示します。

### ❶トップダウン型

企業の方向性を大きく転換するときや、事業領域ごとに思い切った戦略転換をするときなどは、基本的にトップダウン型で全社の方向性を決めた上で、その方針に基づいて各部門に落とし込み、部門計画を立てさせます。時流や企業環境が激変しているときや、企業が危機に直面しているときなどは、トップダウン型の計画立案がよいでしょう。またDX戦略のように、社内の経験者が少なく、かつ複数部門にわたる場合などは、トップダウン型で社長自らが計画立案に参画することも必要となります。

### ❷ボトムアップ型

企業環境がよいときや、企業が既存路線で順調に成長すると予想されるときなどは、大きな戦略転換が不要であるため、逆に各部門に既存路線の延長で成長度合いを踏まえた計画づくりをさせるのがよいでしょう。

このボトムアップ型のメリットは、各部門が自ら計画づくりをするため、計画達成に対するモチベーションが高まることにあります。

ただし、先述のとおり既存路線の延長になりやすいため、大きな変化を起こしにくいことや、チャレンジングな計画・目標が出づらいなどのデメリットもあります。

実際には、必ずしも上記のどちらかに分かれるとは限りません。この両者を組み合わせた計画立案の進め方もあります。

　部門戦略などは全社レベルで考えて、部門別での中期戦略は立てない、という会社もあります。部門に関しては毎年の年度計画だけを策定する、というものです。実際の中小企業では、この方が多いでしょう。

　また、それぞれの部門が独立しており、別々の企業体のように動いている場合は、部門別計画というより、部門ごとに、これまで説明してきた分析から戦略立案、計画までの一連の流れを実施する方がよいでしょう。

　そのため、部門ごとの中期経営計画立案については、参考程度に捉えてもらっても結構です。

　このように、企業の置かれている状況、これまでの体質や体制、社員の質……などを考慮して、落とし込み方法を検討してください。

　次ページに部門別計画構築シートの例を載せています。

　まず基本は、全社のビジョンや戦略に基づき、それと連動させながら、部門ごとのビジョンや戦略の構築を実施します。

　また、それらを達成する上での課題も明確化しておきます。

　そして、3ヵ年で部門をどのように変化させていくかを考えます。数値目標に関しては、部門ごとの数値管理をどこまでしているかにもよりますが、ここでは、大枠の売上や限界利益（粗利率）、部門人件費やその他経費、部門営業利益、さらに必要な投資があればそれらの概要などを記載します。

　この段階で、各部門の方向性と全社の方向性に違いが出てくることがあります。それを調整していき、全社計画にも反映させていきます。

第10章　基本経営計画立案

## 部門別計画構築シート（10-10-1）

部門への落とし込み

| 部門名 | | 記入者 |
|---|---|---|

部門ビジョン

部門戦略

### 部門ビジョンおよび戦略達成における課題

数

| | 1年目 | | | |
|---|---|---|---|---|
| | 目標 | 構成比 | 伸び率 | 目標 |
| 売上高（百万円） | | | | |
| 限界利益（粗利） | | | | |
| 部門人件費 | | | | |
| その他経費 | | | | |
| 部門営業利益 | | | | |
| 投資 | | | | |
| | | | | |

上記を達成するた

| | 1年目 | |
|---|---|---|
| 【ビジネスモデル面】【マーケティング面】 | | |
| 【マネジメント面】 | | |
| 【その他】 | | |

| | 記入日 | |
|---|---|---|

(全社ビジョンの部門への展開)

(全社戦略の部門への展開)

課題解決の方向性

目標

| 2年目 | | | 3年目 | |
|---|---|---|---|---|
| 構成比 | 伸び率 | 目標 | 構成比 | 伸び率 |
| | | | | |
| | | | | |
| | | | | |
| | | | | |
| | | | | |

の実施行動項目

| 2年目 | 3年目 |
|---|---|
| | |
| | |
| | |

第10章 基本経営計画立案

# 施策インパクトの算定

最終的に各計画が数字の上でどのようなインパクトを及ぼすかを算定します。

## ◇ 施策インパクト算定について

**インパクト**とは、影響の度合いを意味します。事業計画、組織・マネジメント計画、部門別計画を構築してきましたが、それぞれが最終的に経営にどれほどインパクトを及ぼすかを年度別にまとめます。これを実施しておくと、基本的な施策内容と数字的なインパクトがひと目で分かり、ビジョン達成に向けたポイントがつかみやすくなります。また、それぞれの施策の難易度や施策間の連動状況も改めて見ることができるので、各施策が固まったらぜひ実施してみてください。

### ❶売上インパクト

売上高に影響を及ぼす施策を記載します。施策を、売上に寄与するプラス要因、および事業撤退や商品・取引先の集約化など、売上面ではマイナスとなる要因に分けます。

### ❷限界利益インパクト

限界利益とは、売上から単純な仕入や外注費用などを引いた、自社が付加価値をつけた額のことです。そのため別名、付加価値額ともいいます。言葉が分かりづらければ、粗利と呼んでもかまいません。特に粗利率の改善につながる施策は重要であり、経営に及ぼすインパクトも大きなものとなります。

### ❸経費インパクト

人件費や物流経費、システム経費、営業施策費用といった、経費部分に影響を及ぼす施策を明確にします。これは、削減要因（損益にとってはプラスに働く）と増加要因（損益にとってはマイナスに働く）項目に分けます。

### ❹投資としての項目（バランスシートに反映される項目）

上記の各施策を実施していく上で、損益ではなく、貸借対照表（バランスシート）に反映される項目があります。その部分は分けて、こちらに記載します。ここに記載した金額を合計したものが投資額となります。

## 施策インパクト算定シート（10-11-1）

| 項目 | 要因 | 施策(行動項目) | 金額ベース | | |
|---|---|---|---|---|---|
| | | | 1年目 | 2年目 | 3年目 |
| 売上インパクト | プラス要因 | | | | |
| | | プラス合計 | | | |
| | マイナス要因 | | | | |
| | | マイナス合計 | | | |
| | | 売上インパクト計 | | | |
| 限界利益インパクト（商品粗利） | 改善要因 | | | | |
| | | 改善合計 | | | |
| | 悪化要因 | | | | |
| | | 悪化合計 | | | |
| | | 限界利益インパクト計 | | | |
| 経費インパクト | 削減要因 | | | | |
| | | 削減合計 | | | |
| | 増加要因 | | | | |
| | | 増加合計 | | | |
| | | 経費インパクト計 | | | |
| 上記実施に必要な投資 | 投資概要 | | | | |
| | | 投資額計 | | | |

第10章　基本経営計画立案

memo

第 ⑪ 章

# 数値計画

　この章では、第 8、9 章の基本戦略および第 10 章の基本経営計画に基づき、それらを数値計画に落とし込むことを目的とします。

　数値計画は、売上・限界利益計画、要員計画、部門別損益計画、投資計画／返済計画、全社損益計画、そしてそれらを統合したキャッシュフロー計画から構成されます。数値計画は、基本経営計画に基づき、"地に足のついた"計画にする必要があります。そのポイントについて説明します。

# 数値計画の構築

この数値計画構築の章では、ここに示すシートを用いて、最終的に「キャッシュフロー計画」まで策定することを目的としています。

## ◇ 数値計画策定シートとは

> ### キャッシュフロー計画を策定するためのシート（11-1-1）

| | 前期実績 第（　）期 | | 今期見込み 第（　）期 | | | 1年目 第（　）期 | | | 2年目 第（　）期 | | | 3年目 第（　）期 | | | 与件設定 |
|---|---|---|---|---|---|---|---|---|---|---|---|---|---|---|---|
| | 数・額 | 構成比 | 数・額 | 構成比 | 伸び率 | 数・額 | 構成比 | 伸び率 | 数・額 | 構成比 | 伸び率 | 数・額 | 構成比 | 伸び率 | |
| 売上高 | | | | | | | | | | | | | | | |
| 原材料費 | | | | | | | | | | | | | | | |
| 外注加工費など | | | | | | | | | | | | | | | |
| 限界利益 | | | | | | | | | | | | | | | |
| その他製造原価合計 | | | | | | | | | | | | | | | |
| 製造正社員人件費 | | | | | | | | | | | | | | | |
| 法定福利費 | | | | | | | | | | | | | | | |
| 製造パート・アルバイト・派遣 | | | | | | | | | | | | | | | |
| 減価償却費 | | | | | | | | | | | | | | | |
| 水光熱費 | | | | | | | | | | | | | | | |
| 消耗品費 | | | | | | | | | | | | | | | |
| 地代家賃 | | | | | | | | | | | | | | | |
| その他 | | | | | | | | | | | | | | | |
| | | | | | | | | | | | | | | | |
| 売上総利益高 | | | | | | | | | | | | | | | |
| 販管費及び一般管理費 | | | | | | | | | | | | | | | |
| 人件費計 | | | | | | | | | | | | | | | |
| 　正社員人件費 | | | | | | | | | | | | | | | |
| 　福利厚生費 | | | | | | | | | | | | | | | |
| 　法定福利費 | | | | | | | | | | | | | | | |
| 　パート・アルバイト・派遣等 | | | | | | | | | | | | | | | |
| 役員報酬 | | | | | | | | | | | | | | | |
| 減価償却費 | | | | | | | | | | | | | | | |
| 販売促進費・広告宣伝費 | | | | | | | | | | | | | | | |
| 消耗品費 | | | | | | | | | | | | | | | |
| リース料・保守料 | | | | | | | | | | | | | | | |
| 水光熱費 | | | | | | | | | | | | | | | |
| 地代家賃 | | | | | | | | | | | | | | | |
| 支払手数料 | | | | | | | | | | | | | | | |
| 旅費交通費 | | | | | | | | | | | | | | | |
| 通信費 | | | | | | | | | | | | | | | |
| 会議費 | | | | | | | | | | | | | | | |
| 損害保険料 | | | | | | | | | | | | | | | |
| 租税公課 | | | | | | | | | | | | | | | |
| その他販管費 | | | | | | | | | | | | | | | |
| | | | | | | | | | | | | | | | |
| 営業利益 | | | | | | | | | | | | | | | |
| 営業外収益 | | | | | | | | | | | | | | | |
| 営業外費用 | | | | | | | | | | | | | | | |
| 支払利息等 | | | | | | | | | | | | | | | |
| その他営業外費用 | | | | | | | | | | | | | | | |
| 経常利益 | | | | | | | | | | | | | | | |

**新規投資計画**

| 1年目（　）期 | | | 2年目（　）期 | | | 3年目（　）期 | | |
|---|---|---|---|---|---|---|---|---|
| 投資項目 | 金額 | 備考 | 投資項目 | 金額 | 備考 | 投資項目 | 金額 | 備考 |
| | | | | | | | | |
| | | | | | | | | |
| | | | | | | | | |
| | | | | | | | | |
| | | | | | | | | |
| ①投資合計 | | | ①投資合計 | | | ①投資合計 | | |
| うち自己資金 | | | うち自己資金 | | | うち自己資金 | | |
| うち借入金 | | | うち借入金 | | | うち借入金 | | |
| 返済年数 | | | 返済年数 | | | 返済年数 | | |
| 返済方法 | ※元金均等、元利均等 | | 返済方法 | ※元金均等、元利均等 | | 返済方法 | ※元金均等、元利均等 | |
| 借入金利率 | | | 借入金利率 | | | 借入金利率 | | |

**長期借入金等返済計画**

| 1年目（　）期 | | | 2年目（　）期 | | | 3年目（　）期 | | |
|---|---|---|---|---|---|---|---|---|
| 項目 | 金額 | 備考 | 項目 | 金額 | 備考 | 項目 | 金額 | 備考 |
| 期首借入金残高 | | | 期首借入金残高 | | | 期首借入金残高 | | |
| 期中返済額計画 | | | 期中返済額計画 | | | 期中返済額計画 | | |
| 期末残高計画 | | | 期末残高計画 | | | 期末残高計画 | | |
| 借入金支払利息 | | | 借入金支払利息 | | | 借入金支払利息 | | |

**短期借入金等返済計画**

| 1年目（　）期 | | | 2年目（　）期 | | | 3年目（　）期 | | |
|---|---|---|---|---|---|---|---|---|
| 項目 | 金額 | 備考 | 項目 | 金額 | 備考 | 項目 | 金額 | 備考 |
| 期首借入金残高 | | | 期首借入金残高 | | | 期首借入金残高 | | |
| 期中返済額計画 | | | 期中返済額計画 | | | 期中返済額計画 | | |
| 期末残高計画 | | | 期末残高計画 | | | 期末残高計画 | | |
| 借入金支払利息 | | | 借入金支払利息 | | | 借入金支払利息 | | |

数値計画は、損益契約や投資計画、キャッシュフロー計画など、目的に応じた数値計画シートを利用し、計画を策定していきます。

## 期別数値計画策定シート (11-1-2)

| | | 前期実績 第( )期 | | 今期見込み 第( )期 | | 1年目 第( )期 | | 2年目 第( )期 | | 3年目 第( )期 | |
|---|---|---|---|---|---|---|---|---|---|---|---|
| 損益 | 売上高(前期比) | | | | | | | | | | |
| | 売上総利益(左:売上高比率) | | | | | | | | | | |
| | 一般管理販売費(左:売上高比率) | | | | | | | | | | |
| | 営業利益(左:売上高比率) | | | | | | | | | | |
| | 営業外収益(左:売上高比率) | | | | | | | | | | |
| | 営業外費用(左:売上高比率) | | | | | | | | | | |
| | 経常利益(左:売上高比率) | | | | | | | | | | |
| | 特別損益(左:売上高比率) | | | | | | | | | | |
| | 税引き前利益(左:売上高比率) A | | | | | | | | | | |
| 損益C/F | 減価償却実施額 B | | | | | | | | | | |
| | 諸引当金積増額 C | | | | | | | | | | |
| | 除却費 D1 | | | | | | | | | | |
| | 前期損益修正損 D2 | | | | | | | | | | |
| | 法人税等流出額 E | | | | | | | | | | |
| | 配当金、役員賞与 F | | | | | | | | | | |
| | 損益キャッシュフロー 計 G (A+B+C+D-E-F) | | | | | | | | | | |
| 営業活動C/F | 売上債権増減 H | | | | | | | | | | |
| | 棚卸資産増減(左:在庫高) I | | | | | | | | | | |
| | 仕入債務増減 J | | | | | | | | | | |
| | その他流動資産増減 K | | | | | | | | | | |
| | その他流動負債増減 L | | | | | | | | | | |
| | 営業キャッシュフロー 計 ① (G-H-I+J-K+L) | | | | | | | | | | |
| 財務調達 | 新規短期借入金 N1 | | | | | | | | | | |
| | 新規社債発行 N2 | | | | | | | | | | |
| | 新規長期借入金 N3 | | | | | | | | | | |
| | 有価証券・固定資産売却 N4 | | | | | | | | | | |
| | 調達合計(N合計) ② | | | | | | | | | | |
| 財務運用 | 設備投資・敷金など O1 | | | | | | | | | | |
| | その他固定資産増減 O2 | | | | | | | | | | |
| | 短期借入金返済 O3 | | | | | | | | | | |
| | 長期借入金返済 O4 | | | | | | | | | | |
| | 社債償還 O5 | | | | | | | | | | |
| | その他固定資産負債増減 O6 | | | | | | | | | | |
| | 運用合計(O合計) ③ | | | | | | | | | | |
| 財務差引過不足(②-③) ④ | | | | | | | | | | | |
| キャッシュフロー合計 ①+④ | | | | | | | | | | | |
| 期首現預金 P | | | | | | | | | | | |
| 期末現預金 Q | | | | | | | | | | | |
| フリーキャッシュフロー(①-O1) R | | | | | | | | | | | |
| 要返済債務合計(短借含む) S | | | | | | | | | | | |
| 返済可能期間 S/R 年 | | | | | | | | | | | |
| 投資 (実績ベース) ※左:投資項目 右:投資金額 | | | | | | | | | | | |
| 与件設定 | | | | | | | | | | | |

# 数値計画全体像

ここでは、数値計画の全体像について説明します。

## ◇ 数値計画とは

　これまで、事業計画や組織・マネジメント計画を立案してきましたが、最終的にはそれらを**数値計画**に落とし込まなければなりません。基本的な計画はほぼできているので、それらを数値に落とし込むだけの作業——といえば簡単なようですが、そうではありません。作成する数値計画には、主に次のものがあります。

### ● 売上・限界利益計画

　これは、部門別や商品別における売上および限界利益を計画値化したものです。

### ● 要員計画

　組織・マネジメント計画などに基づいて、3ヵ年の従業員数目標や人件費、生産性などを計画します。

### ● 部門別損益計画

　必要に応じて部門別の損益計画を立案します。

### ● 投資計画／返済計画

　事業計画に基づいて、必要とされる投資計画、そして、新規および既存の借入金に対する年度別の返済計画を立案します。

### ● 全社損益計画

　売上・限界利益計画や要員計画、既存ビジネスモデル計画から算定される各種経費の増減、部門別損益計画などを集約し、全社損益計画を作成します。

### ● キャッシュフロー計画

　全社損益計画と投資計画／返済計画をもとに、最終的にキャッシュフロー計画を策定します。これにより、お金の流れに問題がないかどうかの最終確認を行います。

　本来はこのほかに貸借対照表（バランスシート）計画も作成しますが、投資計画／返済計画とキャッシュフロー計画を押さえておけば、省略しても大丈夫でしょう。

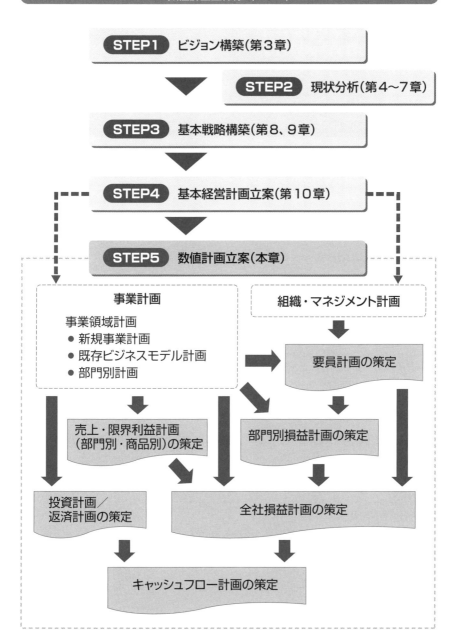

数値計画全体像（11-2-1）

**STEP1** ビジョン構築（第3章）

**STEP2** 現状分析（第4〜7章）

**STEP3** 基本戦略構築（第8、9章）

**STEP4** 基本経営計画立案（第10章）

**STEP5** 数値計画立案（本章）

**事業計画**

事業領域計画
● 新規事業計画
● 既存ビジネスモデル計画
● 部門別計画

**組織・マネジメント計画**

要員計画の策定

売上・限界利益計画
（部門別・商品別）の策定

部門別損益計画の策定

投資計画／
返済計画の策定

全社損益計画の策定

キャッシュフロー計画の策定

第11章　数値計画

# 3

# 売上・限界利益計画の策定①
## …商品分類別

数値計画の基本となる売上・限界利益計画の策定から入ります。この計画は、商品分類別と事業部門別の2つに分かれています。最終のトップライン（売上）は原則として同じになります。どちらかを主体に作成し、連携させてください。
まずは、商品分類別売上・限界利益計画について説明します。

## ◇ 商品分類別売上・限界利益計画の策定

　事業計画のうちの商品基本計画（10-5節）の立案結果に基づき、その計画を3ヵ年の数値計画に落とし込みます。

### ● 商品分類別売上の計画

　商品分類別の売上が全ての基本となります。これは、昨対ベースや担当者の思いなどからつくられる場合もありますが、船井総合研究所では基本的に市場規模とシェアをもとに策定します。

　市場規模が縮小すると、同じシェアをとっていても売上は下がりますし、逆も成り立ちます。

　また、商品価格戦略や新商品の投入によっても、シェアと売上高は変動します。

### ● 商品分類別限界利益の計画

　限界利益とは、すでに述べたとおり付加価値額のことです。ここでは単純に「売上から原材料費を引いたもの」としています。商品基本計画で策定した施策をもとに、限界利益計画を組みます。

### ● 商品分類別粗利益の計画

　ここで述べている粗利益とは、「限界利益額から、原材料仕入以外の製造経費を引いた残りの額」を指しています。生産性の向上により、この部分の利益は拡大することが可能です。

　図11-3-1のシートはメーカーでも使えるようにつくられています。卸や小売・サービス業の場合は、基本的に限界利益までの部分を利用して策定してください。

## 商品分類別売上・限界利益計画策定シート（11-3-1）

| | | 前期実績 第（ ）期 | | | 今期見込み 第（ ）期 | | | 1年目 第（ ）期 | | | 2年目 第（ ）期 | | | 3年目 第（ ）期 | | |
|---|---|---|---|---|---|---|---|---|---|---|---|---|---|---|---|---|
| | | 市場規模 | シェア | 金額 | 市場規模 | シェア | 金額 | 市場規模 | シェア | 金額 | 市場規模 | シェア | 金額 | 市場規模 | シェア | 金額 |
| 商品別シェア | 商品分類①（ ） | | | | | | | | | | | | | | | |
| | 商品分類②（ ） | | | | | | | | | | | | | | | |
| | 商品分類③（ ） | | | | | | | | | | | | | | | |
| | 商品分類④（ ） | | | | | | | | | | | | | | | |
| | 商品分類⑤（ ） | | | | | | | | | | | | | | | |
| | 商品分類⑥（ ） | | | | | | | | | | | | | | | |
| | 売上合計 | | | | | | | | | | | | | | | |

| | | 金額 | 構成比 | 伸び率 | 金額 | 構成比 | 伸び率 | 金額 | 構成比 | 伸び率 | 金額 | 構成比 | 伸び率 | 金額 | 構成比 | 伸び率 |
|---|---|---|---|---|---|---|---|---|---|---|---|---|---|---|---|
| 商品別売上 | 商品分類①（ ） | | | | | | | | | | | | | | | |
| | 商品分類②（ ） | | | | | | | | | | | | | | | |
| | 商品分類③（ ） | | | | | | | | | | | | | | | |
| | 商品分類④（ ） | | | | | | | | | | | | | | | |
| | 商品分類⑤（ ） | | | | | | | | | | | | | | | |
| | 商品分類⑥（ ） | | | | | | | | | | | | | | | |
| | 商品売上合計 | | | | | | | | | | | | | | | |
| 商品分類別原材料費 | 商品分類①（ ） | | | | | | | | | | | | | | | |
| | 商品分類②（ ） | | | | | | | | | | | | | | | |
| | 商品分類③（ ） | | | | | | | | | | | | | | | |
| | 商品分類④（ ） | | | | | | | | | | | | | | | |
| | 商品分類⑤（ ） | | | | | | | | | | | | | | | |
| | 商品分類⑥（ ） | | | | | | | | | | | | | | | |
| ※構成比は対売上高原材料費率で算出 | 商品原材料費合計 | | | | | | | | | | | | | | | |
| 商品分類別限界利益 | 商品分類①（ ） | | | | | | | | | | | | | | | |
| | 商品分類②（ ） | | | | | | | | | | | | | | | |
| | 商品分類③（ ） | | | | | | | | | | | | | | | |
| | 商品分類④（ ） | | | | | | | | | | | | | | | |
| | 商品分類⑤（ ） | | | | | | | | | | | | | | | |
| | 商品分類⑥（ ） | | | | | | | | | | | | | | | |
| ※構成比は対売上高限界利益率で算出 | 商品限界利益合計 | | | | | | | | | | | | | | | |
| 商品分類別製造費用 | 商品分類①（ ） | | | | | | | | | | | | | | | |
| | 商品分類②（ ） | | | | | | | | | | | | | | | |
| | 商品分類③（ ） | | | | | | | | | | | | | | | |
| | 商品分類④（ ） | | | | | | | | | | | | | | | |
| | 商品分類⑤（ ） | | | | | | | | | | | | | | | |
| | 商品分類⑥（ ） | | | | | | | | | | | | | | | |
| ※構成比は対売上高製造費率で算出 | 商品製造費用合計 | | | | | | | | | | | | | | | |
| 商品分類別粗利益額 | 商品分類①（ ） | | | | | | | | | | | | | | | |
| | 商品分類②（ ） | | | | | | | | | | | | | | | |
| | 商品分類③（ ） | | | | | | | | | | | | | | | |
| | 商品分類④（ ） | | | | | | | | | | | | | | | |
| | 商品分類⑤（ ） | | | | | | | | | | | | | | | |
| | 商品分類⑥（ ） | | | | | | | | | | | | | | | |
| ※構成比は対売上高粗利益比率で算出 | 商品粗利益額合計 | | | | | | | | | | | | | | | |
| 3ヵ年商品開発戦略 | | | | | | | | | | | | | | | | |

第11章 数値計画

235

## 4 数値計画

# 売上・限界利益計画の策定②
# …事業部門別

売上・限界利益計画のもう1つの観点である、事業部門別による策定について記載します。

## ◇ 事業部門別売上・限界利益計画の策定

　事業計画のうちの事業領域計画（10-3節）の立案結果、および各事業部門への落とし込み（10-10節）の結果に基づき、事業部門別の売上・限界利益計画を3ヵ年の数値計画に落とし込みます。

　前節の商品分類別計画とも密接に絡み合っているため、事業部門別計画を先に作り、それを基準として商品分類別の計画を立てる会社もあると思います。また、商品分野と担当事業部門が明確に対応している場合は、あえて両方をつくる必要はありません。そのあたりは自社の状況に合わせて適宜ご判断ください。

### ● 部門別売上の計画

　部門別売上はあくまでも部門単位での売上が基本となっています。ただし、部門が拠点別に分かれている場合は、拠点ごとの売上目標を設定する必要があります。

### ● 部門別限界利益の計画

　部門別の数値計画としては、最終的に別の項で部門利益まで計画しますが、ここでは限界利益までとします。部門における、仕入・原材料を除いた限界利益額の計画を立ててください。

　実際には、経営計画の基本が事業部門（事業分野）ごとの計画になっている会社の方が多いと思われます。その場合は、事業部門別をトップライン（売上）の基本計画とし、商品分類別はサブとして利用してください。

## 事業部門別売上・限界利益計画策定シート（11-4-1）

| | 前期実績 第（ ）期 | | | 今期見込み 第（ ）期 | | | 1年目 第（ ）期 | | | 2年目 第（ ）期 | | | 3年目 第（ ）期 | | |
|---|---|---|---|---|---|---|---|---|---|---|---|---|---|---|---|
| | 金額 | 構成比 | 伸び率 | 金額 | 構成比 | 伸び率 | 金額 | 構成比 | 伸び率 | 金額 | 構成比 | 伸び率 | 金額 | 構成比 | 伸び率 |
| 事業(部門)別 売上 事業部A( ) | | | | | | | | | | | | | | | |
| 事業部B( ) | | | | | | | | | | | | | | | |
| 事業部C( ) | | | | | | | | | | | | | | | |
| 事業部D( ) | | | | | | | | | | | | | | | |
| 事業部E( ) | | | | | | | | | | | | | | | |
| 事業部F( ) | | | | | | | | | | | | | | | |
| 事業部売上合計 | | | | | | | | | | | | | | | |
| 事業分類別 原材料費 事業部A( ) | | | | | | | | | | | | | | | |
| 事業部B( ) | | | | | | | | | | | | | | | |
| 事業部C( ) | | | | | | | | | | | | | | | |
| 事業部D( ) | | | | | | | | | | | | | | | |
| 事業部E( ) | | | | | | | | | | | | | | | |
| 事業部F( ) | | | | | | | | | | | | | | | |
| 事業部原材料費合計 | | | | | | | | | | | | | | | |
| 事業分類別 限界利益 事業部A( ) | | | | | | | | | | | | | | | |
| 事業部B( ) | | | | | | | | | | | | | | | |
| 事業部C( ) | | | | | | | | | | | | | | | |
| 事業部D( ) | | | | | | | | | | | | | | | |
| 事業部E( ) | | | | | | | | | | | | | | | |
| 事業部F( ) | | | | | | | | | | | | | | | |
| 事業部限界利益合計 | | | | | | | | | | | | | | | |

第11章　数値計画

5 数値計画

# 要員計画の策定

次に要員計画、つまり人員計画の策定について述べます。

## ◇ 要員計画の策定

**要員計画・人員計画**は、会社にとっても非常に重要な項目です。

「組織・マネジメント計画」(10-8～9節) および「各事業部門への落とし込み」(10-10節) に基づき、まず、事業部門別の要員数計画を策定します。

### ● 部門別社員数と人件費の計画

要員数は、基本的に正社員とそれ以外 (パート・アルバイト社員や派遣社員) に分けて計画します。また、要員数と人件費の計画は明確に組んでいく必要があります。

重点的に売上拡大を図るなど会社として力を入れていく部門には、人員を多目に配置しなければなりませんし、そうでない部門は減らす必要があります。組織計画などに基づきながら、人の配置を計画値に落とし込んでください。

### ● 全社の要員計画

上記の部門別計画を集計して全社の要員計画を完成させます。ここで重要となる観点がいくつかあります。

まず、生産性の算定です。図11-5-1中の③生産性とは、従業員1人当たりの付加価値創造額を指します。これは、①限界利益高÷②換算正社員数で算定できます。この②換算正社員数は、正社員数にプラスして「正社員以外のその他人件費÷正社員1人当たり平均人件費」で算出でき、「正社員以外の人件費を含めて実質的に何人分の正社員に相当するか」を見るものです。これが高いほど、従業員1人当たりの付加価値創造の量が多いことを示していますが、一般的には1000万円前後の企業が多くなっています。また、これと④労働分配率などを目安に、人件費の計画も組んでいきます。

これらに基づき、年度ごとの採用計画や、人員の質 (正社員かそれ以外か) の計画も組んでいくこととなります。

要員計画策定シート（11-5-1）

| 部門名 | 項目 | 前期実績 第(  )期 数・額 | 前期実績 第(  )期 伸び率 | 今期見込み 第(  )期 数・額 | 今期見込み 第(  )期 伸び率 | 1年目 第(  )期 数・額 | 1年目 第(  )期 伸び率 | 2年目 第(  )期 数・額 | 2年目 第(  )期 伸び率 | 3年目 第(  )期 数・額 | 3年目 第(  )期 伸び率 |
|---|---|---|---|---|---|---|---|---|---|---|---|
| (    ) | 正社員数 | | | | | | | | | | |
| | 期中増減数 | | | | | | | | | | |
| | 正社員人件費 | | | | | | | | | | |
| | その他人件費 | | | | | | | | | | |
| | 部門人件費合計 | | | | | | | | | | |
| (    ) | 正社員数 | | | | | | | | | | |
| | 期中増減数 | | | | | | | | | | |
| | 正社員人件費 | | | | | | | | | | |
| | その他人件費 | | | | | | | | | | |
| | 部門人件費合計 | | | | | | | | | | |
| (    ) | 正社員数 | | | | | | | | | | |
| | 期中増減数 | | | | | | | | | | |
| | 正社員人件費 | | | | | | | | | | |
| | その他人件費 | | | | | | | | | | |
| | 部門人件費合計 | | | | | | | | | | |
| (    ) | 正社員数 | | | | | | | | | | |
| | 期中増減数 | | | | | | | | | | |
| | 正社員人件費 | | | | | | | | | | |
| | その他人件費 | | | | | | | | | | |
| | 部門人件費合計 | | | | | | | | | | |
| | | | | | | | | | | | |
| 全社合計 | 正社員数 | | | | | | | | | | |
| | 期中増減数 | | | | | | | | | | |
| | 正社員人件費 | | | | | | | | | | |
| | その他人件費 | | | | | | | | | | |
| | 人件費合計 | | | | | | | | | | |
| | 役員報酬合計 | | | | | | | | | | |
| | ①限界利益高(粗利) | | | | | | | | | | |
| | ②換算正社員数 | | | | | | | | | | |
| | ③生産性 | | | | | | | | | | |
| | ④労働分配率 | | | | | | | | | | |

注) ※①限界利益高＝売上－原材料費・仕入れ高
　　※②換算正社員数＝正社員数＋その他人件費合計（パート・アルバイト、派遣など）÷正社員1人当たり平均人件費
　　※③生産性＝①÷②
　　※④労働分配率＝人件費合計÷①

第11章 数値計画

# 6

# 全社損益計画の策定

次に、これまでの数値計画を集約した全社損益計画の策定について説明します。

## ◇ 全社損益計画の策定

**全社損益計画**は、この章で説明してきた各売上や限界利益、人件費（11-3〜5節）に加え、第10章におけるビジネスモデル計画や新規事業計画、さらには事業部門別計画を総合的に加味して、全社損益計画として落とし込みます。

### ● 売上から売上総利益の部分

売上から売上総利益までは、11-3〜4節の項目を転記すれば問題なく策定できます。また、人件費は11-5節の要員計画からの転記となります。

### ● 販売管理費の部分

販売管理費においても、要員計画からの転記と、第10章におけるビジネスモデル計画に基づき、費用の増減を計画していきます。

例えば、売上アップを目指すため、あるいは新商品を市場に投入するために、広告宣伝費を通常よりも多く割り振るなど、計画に基づいた経費を策定してください。

また、物流経費や情報管理費なども計画に基づいて策定できるはずです。

それ以外の項目は、売上の増減と過去の推移から、予算組みができるはずです。

### ● 経常利益

この損益計画などをもとに、最終的にはキャッシュフロー計画で税引き後の利益計画まで組むため、この全社損益計画はあえて経常利益までとしています。

中長期計画における損益計画は、図11-6-1に示したシートにあるような細かい経費まで見る必要はなく、重要な経費項目のみでかまいません（詳細は毎年つくる年度計画に落とし込むことで十分間に合います）。この図にはあえてある程度細かい項目も出しているので、自社の使い勝手のいいように適宜変更してください。

## ◇ 貸借対照表計画の策定についての補足

この損益計画に加えて貸借対照表計画も策定すべきところですが、社員を巻き込んだ経営計画では、一般的にそこまで掘り下げることがないため、ここでは簡単に触れるにとどめます。

この計画の重要性は、会社の状態により変わります。在庫過多や債権過多による流動資産の圧縮を経営計画に組み込む場合、固定資産の持ち方（土地、建物、証券など）の検討、安定経営を目指すための自己資本の充実計画および借入金の返済計画（11-8節）などでは、重要な観点となるでしょう。

### 全社損益計画策定シート（11-6-1）

| | 前期実績 | | 今期見込み | | | 1年目 | | | 2年目 | | | 3年目 | | | 与件設定 |
|---|---|---|---|---|---|---|---|---|---|---|---|---|---|---|---|
| | 第（ ）期 | | 第（ ）期 | | | 第（ ）期 | | | 第（ ）期 | | | 第（ ）期 | | | |
| | 数・額 | 構成比 | 数・額 | 構成比 | 伸び率 | 数・額 | 構成比 | 伸び率 | 数・額 | 構成比 | 伸び率 | 数・額 | 構成比 | 伸び率 | |
| 売上高 | | | | | | | | | | | | | | | |
| 原材料費 | | | | | | | | | | | | | | | |
| 外注加工費など | | | | | | | | | | | | | | | |
| 限界利益 | | | | | | | | | | | | | | | |
| その他製造原価合計 | | | | | | | | | | | | | | | |
| 製造正社員人件費 | | | | | | | | | | | | | | | |
| 法定福利費 | | | | | | | | | | | | | | | |
| 製造パート・アルバイト・派遣 | | | | | | | | | | | | | | | |
| 減価償却費 | | | | | | | | | | | | | | | |
| 水光熱費 | | | | | | | | | | | | | | | |
| 消耗品費 | | | | | | | | | | | | | | | |
| 地代家賃 | | | | | | | | | | | | | | | |
| その他 | | | | | | | | | | | | | | | |
| 水光熱費 | | | | | | | | | | | | | | | |
| 地代家賃 | | | | | | | | | | | | | | | |
| 支払手数料 | | | | | | | | | | | | | | | |
| 旅費交通費 | | | | | | | | | | | | | | | |
| 通信費 | | | | | | | | | | | | | | | |
| 会議費 | | | | | | | | | | | | | | | |
| 損害保険料 | | | | | | | | | | | | | | | |
| 租税公課 | | | | | | | | | | | | | | | |
| その他販管費 | | | | | | | | | | | | | | | |
| | | | | | | | | | | | | | | | |
| 営業利益 | | | | | | | | | | | | | | | |
| 営業外収益 | | | | | | | | | | | | | | | |
| 営業外費用 | | | | | | | | | | | | | | | |
| 支払利息等 | | | | | | | | | | | | | | | |
| その他営業外費用 | | | | | | | | | | | | | | | |
| 経常利益 | | | | | | | | | | | | | | | |

第11章 数値計画

# 部門別損益計画の策定

次に部門別損益計画の策定について説明します。

## ◇ 部門別損益計画の策定

**部門別損益計画**の基本的考え方は、前節で述べた全社損益計画と同じです。

この部門別損益計画は、ある程度の規模の会社ならば毎年作成していると思います。部門別の利益を見るためにも作成した方がよいとはいえ、それほど大きな規模でなく、部門の種類も少ない企業の場合は省略可能ですので、参考程度に見ておいてください。

一方、ある程度以上の規模の企業では、管理会計上、どの部署がきちんと利益を出していてどこが不採算なのか、また、各部署の計画値と現状の推移はどうなのかを見ていくために必須のものであり、それにより部門別のとるべき方策も変わってきます。そういったことをできるだけ早い段階で見極められるように、部門別の計画も極力、策定するようにしてください。

ここでは、部門営業利益の考え方についてのみ説明を加えておきます。

### ● 部門営業利益算出の考え方

部門営業利益とは文字どおり、その部門の直接的な売上から、その売上を上げるために使用した経費などを差し引いたものです。

ただし、各部門に明確にひもづけることができない経費もたくさんあります。その代表格は総務・経理部門の人件費などです。

これらは全社配賦経費として、部門営業利益の確定後に別枠で差し引きます。この配賦経費の考え方は、会社によって異なります。売上や売上総利益の実体に基づいて配賦する考え方、売上や売上総利益の予算に対して配賦する考え方、あるいは、間接部門は従業員数により労力が変わるとの観点から部門の従業員数に基づいて配賦する考え方、など様々です。したがって、配賦方法は自社の実態に基づいて決定してください。

## 部門別損益計画策定シート（11-7-1）

| | 前期実績 | | 今期見込み | | | 1年目 | | | 2年目 | | | 3年目 | | | 与件設定 |
|---|---|---|---|---|---|---|---|---|---|---|---|---|---|---|---|
| | 第（　）期 | | 第（　）期 | | | 第（　）期 | | | 第（　）期 | | | 第（　）期 | | | |
| | 数・額 | 構成比 | 数・額 | 構成比 | 伸び率 | 数・額 | 構成比 | 伸び率 | 数・額 | 構成比 | 伸び率 | 数・額 | 構成比 | 伸び率 | |
| 売上高 | | | | | | | | | | | | | | | |
| 原材料費 | | | | | | | | | | | | | | | |
| 外注加工費など | | | | | | | | | | | | | | | |
| 限界利益 | | | | | | | | | | | | | | | |
| その他製造原価合計 | | | | | | | | | | | | | | | |
| 製造正社員人件費 | | | | | | | | | | | | | | | |
| 法定福利費 | | | | | | | | | | | | | | | |
| 製造パート・アルバイト・派遣 | | | | | | | | | | | | | | | |
| 減価償却費 | | | | | | | | | | | | | | | |
| 水光熱費 | | | | | | | | | | | | | | | |
| 消耗品費 | | | | | | | | | | | | | | | |
| 地代家賃 | | | | | | | | | | | | | | | |
| その他 | | | | | | | | | | | | | | | |
| | | | | | | | | | | | | | | | |
| 売上総利益高 | | | | | | | | | | | | | | | |
| 販管費及び一般管理費 | | | | | | | | | | | | | | | |
| 人件費計 | | | | | | | | | | | | | | | |
| 　正社員人件費 | | | | | | | | | | | | | | | |
| 　福利厚生費 | | | | | | | | | | | | | | | |
| 　法定福利費 | | | | | | | | | | | | | | | |
| 　パート・アルバイト・派遣等 | | | | | | | | | | | | | | | |
| 役員報酬 | | | | | | | | | | | | | | | |
| 減価償却費 | | | | | | | | | | | | | | | |
| 販売促進費・広告宣伝費 | | | | | | | | | | | | | | | |
| 消耗品費 | | | | | | | | | | | | | | | |
| リース料・保守料 | | | | | | | | | | | | | | | |
| 水光熱費 | | | | | | | | | | | | | | | |
| 地代家賃 | | | | | | | | | | | | | | | |
| 支払手数料 | | | | | | | | | | | | | | | |
| 旅費交通費 | | | | | | | | | | | | | | | |
| 通信費 | | | | | | | | | | | | | | | |
| 会議費 | | | | | | | | | | | | | | | |
| 損害保険料 | | | | | | | | | | | | | | | |
| 租税公課 | | | | | | | | | | | | | | | |
| その他販管費 | | | | | | | | | | | | | | | |
| | | | | | | | | | | | | | | | |
| 部門営業利益 | | | | | | | | | | | | | | | |
| 全社配賦経費 | | | | | | | | | | | | | | | |
| その他経費 | | | | | | | | | | | | | | | |
| | | | | | | | | | | | | | | | |
| 部門利益 | | | | | | | | | | | | | | | |

第11章　数値計画

# 8 投資計画・返済計画の策定

次に投資計画および借入金返済計画の策定について説明します。

## ◇ 投資計画の策定

**投資計画**では、事業領域計画 (10-3節)、新規事業計画 (10-4節)、さらにビジネスモデル計画 (10-5〜7節) などを主体として、全社として必要な投資額の目安を算定します。

企業にとってローコスト経営は絶対に必要です。だからといってローコスト経営だけを続けていると、企業は縮小してしまいます。企業にとって、次の時代に向けた適切な投資もまた絶対に必要です。

投資における基本的な考え方は次のとおりです。

- 投資には、攻めの投資と効率化推進 (経費削減) のための投資がある。
- 攻めの投資は、長めの投資回収 (3〜5年) が基本となる。
- 効率化推進の投資は、即効性を見込むため、短め (3年以内) が基本となる。
- 自社としての投資判断基準を持っておくことが必要である。

## ◇ 借入金返済計画の策定

主な借入金には、上記の投資を目的とするものに加え、経営を続ける上で必要な資金繰り (例えば賞与の支払いや大きな仕入れの資金などの調達) を目的とするものもあります。この資金繰りに必要な借入金は、次節から説明する「キャッシュフロー計画」とあわせて検討しなければ、必要額が見えてきません。

さて、この**借入金返済計画**は、計画年度の中で必要な返済額がどれほどなのかを把握するためのものです。借入金返済が滞るようだと、いくら黒字であっても経営の継続は困難となります。それほど重要なポイントですので、必ず計画の中で押さえるようにしてください。

- 借入している機関（主に金融機関）ごとに並べ、毎年の返済額と残高、期中利子を一覧表にしておく。
- 金融機関以外の必要な返済（例えば社債や関連会社からの借入など）も明確化しておく。
- 新規借入金については、想定の数字を既存分と同様に計画しておく。
- 既存と新規の借入金返済計画を合計し、計画年度中に必要となる返済額を明確化しておく。
- 返済は、税引き後のフリーキャッシュフロー内でしか行うことができないため、逆に最低限必要なキャッシュフロー額を、経営計画に反映させる。

## 投資計画および借入金返済計画策定シート（11-8-1）

新規投資計画

| 1年目（　）期 | | | 2年目（　）期 | | | 3年目（　）期 | | |
|---|---|---|---|---|---|---|---|---|
| 投資項目 | 金額 | 備考 | 投資項目 | 金額 | 備考 | 投資項目 | 金額 | 備考 |
| | | | | | | | | |
| | | | | | | | | |
| | | | | | | | | |
| | | | | | | | | |
| ①投資合計 | | | ①投資合計 | | | ①投資合計 | | |
| うち自己資金 | | | うち自己資金 | | | うち自己資金 | | |
| うち借入金 | | | うち借入金 | | | うち借入金 | | |
| 返済年数 | | | 返済年数 | | | 返済年数 | | |
| 返済方法 | ※元金均等、元利均等 | | 返済方法 | ※元金均等、元利均等 | | 返済方法 | ※元金均等、元利均等 | |
| 借入金利率 | | | 借入金利率 | | | 借入金利率 | | |

長期借入金等返済計画

| 1年目（　）期 | | | 2年目（　）期 | | | 3年目（　）期 | | |
|---|---|---|---|---|---|---|---|---|
| 項目 | 金額 | 備考 | 項目 | 金額 | 備考 | 項目 | 金額 | 備考 |
| 期首借入金残高 | | | 期首借入金残高 | | | 期首借入金残高 | | |
| 期中返済額計画 | | | 期中返済額計画 | | | 期中返済額計画 | | |
| 期末残高計画 | | | 期末残高計画 | | | 期末残高計画 | | |
| 借入金支払利息 | | | 借入金支払利息 | | | 借入金支払利息 | | |

短期借入金等返済計画

| 1年目（　）期 | | | 2年目（　）期 | | | 3年目（　）期 | | |
|---|---|---|---|---|---|---|---|---|
| 項目 | 金額 | 備考 | 項目 | 金額 | 備考 | 項目 | 金額 | 備考 |
| 期首借入金残高 | | | 期首借入金残高 | | | 期首借入金残高 | | |
| 期中返済額計画 | | | 期中返済額計画 | | | 期中返済額計画 | | |
| 期末残高計画 | | | 期末残高計画 | | | 期末残高計画 | | |
| 借入金支払利息 | | | 借入金支払利息 | | | 借入金支払利息 | | |

第11章　数値計画

# キャッシュフロー計画とは

数値計画の全ての集約がこの「キャッシュフロー計画」となります。なお、以降はキャッシュフローを C/F とも表記します。

## ◇ キャッシュフロー計画の重要性と策定の流れ

**キャッシュフロー計画**（C/F計画）は、これまで策定してきた数値計画の数字の集約となります。そして最終的には、企業運営にとって最も重要な「お金が足りているのか、不足しているのか」、また、入ってくるお金の流れと出ていくお金の流れを1枚のシートで明確に示すものです。倒産する会社の多くは、実体として利益が出ていないということもありますが、それ以上にC/F管理ができておらず、無駄な投資や活動（例えば過剰在庫など）をしている場合がほとんどです。

企業経営の大きな目的の1つは「永続」です。会社がなくなれば、従業員とその家族、取引先、顧客などに多大な迷惑をかけるので、可能な限り避けなければなりません。

さて、C/Fとは何かを理解するには、企業のお金の流れの実体を理解する必要があります。

例えば、売上を増やすために在庫をたくさん持ったとしましょう。損益計算書（P/L）上は、実際にその期に使用したものだけがカウントされ、残った在庫はカウントされません。ただし、貸借対照表（B/S）上では、残った在庫が資産として記載されます。ここで問題は、在庫購入に使用した資金です。在庫購入の資金は会社から出ていっているわけで、実際には現金が減っており、多くの在庫を抱えるほど資金が必要ということになります。

また、売上債権の回収を見てみましょう。Aという顧客に商品を販売し、それを現金で回収していれば問題ないのですが、その代金を手形でもらったとしましょう。手形は、約束された月（例えば3ヵ月後や6ヵ月後）にならなければ現金に換金できません。また、その間に手形を振り出した企業が倒産すれば、その手形は紙切れとなるリスクもあります。商品の仕入にお金を使って、回収は手形を使っているという取引ばかりだと、会社の現金はいくらあっても足りません。しかし、損益上は売上と利益はちゃんと出ている形になります。

　このように、決算書上の損益と実体のお金の流れは異なるため、実体のお金の流れを明確化するのが、このキャッシュフロー計画の目的です。

## キャッシュフロー計画策定の流れ（11-9-1）

**❶ 損益（P/L）上でのお金の流れ**

　まず、損益計算書における税引き後利益が基点となります。

**❷ 損益（P/L）上における実体的な手元に残る資金の明確化**

　税引き後利益と実際には支払っていない減価償却を合わせたものがキャッシュフロー。ここから役員賞与や配当などを支払います。

**❸ 営業活動を実施する上で損益に出てこないお金の流れの明確化**

　在庫の増減（在庫が増えればそれだけ手元現金は減る）や短期債権（買掛や売掛など）の回収・返済などの実体的なお金の出入りを明確にします。売掛金の回収ができないと、損益上では売上に計上されていても、実際には手元で現金になっていません。

**❹ 会社としての資金調達の流れの明確化**

　借入金や社債などを含めた会社としての資金調達額（これらは損益上には一切出てこない）、および固定資産売却などで得た資金の明確化を行います。

**❺ 資金の運用の流れの明確化**

　❹とは逆に、設備投資などの固定資産の購入、約定による借入金返済など、出ていくお金の流れを明確にします。

**❻ 最終的に会社の手元に残る現金・預金残高の明確化**

　最終的に❶〜❺をプラスマイナスして、実際に手元に現金がいくら残るかを明確にします。

第11章　数値計画

数値計画

# キャッシュフロー計画の策定

ここでは、キャッシュフロー計画（C/F計画）を策定していきます。

## ◇ キャッシュフロー計画の策定

C/F計画策定の主な流れはすでに図11-9-1に示したとおりです。そこでここでは、図11-10-1のシートを見ながら、ポイントとなる項目のみを説明します。

### ● 損益C/F項目

特に税金の支払いでは、過去の過不足などの色々な調整が入ります。これらも記載できるようにしてありますが、難しければ、図11-10-1におけるCとD1、D2の項目は記載しなくても支障はなく、実際、計画策定時にはあまり使用されません。

### ● 各項目の合計

各項目は、合計時にプラスするものとマイナスするものがあります。そこで、分かりやすいようにアルファベットを項目につけて合計式を示してあります。

### ● C/Fについて

C/Fにもいくつかの種類を持たせています。

まず、損益C/Fは、損益計算により求められる一般的C/Fを指します。

次に営業活動C/Fですが、これは主に貸借対照表上の流動資産と流動負債に出てくる段階（主に直接的な営業活動に関係する項目）でのC/Fとなります。

最後に財務活動のプラスマイナスを計算した上で本当のC/Fが出てきます。これが、「その期に現預金がプラスになったかマイナスになったか」の最終値です。

### ● フリーC/Fについて

最後の方の項目に**フリーC/F**があります。これは、営業活動C/Fから必要な設備投資などの資金を引いた残りを指し、これが「自由に使える資金」だという考え方から、フリーC/Fと呼ばれています。このフリーC/Fで原資の返済を行います。そのため、有利子負債の合計をこのフリーC/Fで割ったものが返済可能期間となり、金融機関ではこの年数もチェックしています。業種によりますが、おおむね10年を超える企業に関してはかなり問題視され、新規融資などは実施されにくくなるので要注意です。

## キャッシュフロー計画策定シート（11-10-1）

| | | 前期実績 第（　）期 | 今期見込み 第（　）期 | 1年目 第（　）期 | 2年目 第（　）期 | 3年目 第（　）期 |
|---|---|---|---|---|---|---|
| 損益 | 売上高（前期比） | | | | | |
| | 売上総利益（左：売上高比率） | | | | | |
| | 一般管理販売費（左：売上高比率） | | | | | |
| | 営業利益（左：売上高比率） | | | | | |
| | 営業外収益（左：売上高比率） | | | | | |
| | 営業外費用（左：売上高比率） | | | | | |
| | 経常利益（左：売上高比率） | | | | | |
| | 特別損益（左：売上高比率） | | | | | |
| | 税引き前利益（左：売上高比率） A | | | | | |
| 損益CF | 減価償却実施額 B | | | | | |
| | 諸引当金積増額 C | | | | | |
| | 除却費 D1 | | | | | |
| | 前期損益修正損 D2 | | | | | |
| | 法人税等流出額 E | | | | | |
| | 配当金、役員賞与 F | | | | | |
| | 損益キャッシュフロー 計 G （A+B+C+D-E-F） | | | | | |
| 営業活動CF | 売上債権増減 H | | | | | |
| | 棚卸資産増減（左：在庫高） I | | | | | |
| | 仕入債務増減 J | | | | | |
| | その他流動資産増減 K | | | | | |
| | その他流動負債増減 L | | | | | |
| | 営業キャッシュフロー 計 ① （G-H-I+J-K+L） | | | | | |
| 財務調達 | 新規短期借入金 N1 | | | | | |
| | 新規社債発行 N2 | | | | | |
| | 新規長期借入金 N3 | | | | | |
| | 有価証券・固定資産売却 N4 | | | | | |
| | 調達合計（N合計） ② | | | | | |
| 財務運用 | 設備投資・敷金など O1 | | | | | |
| | その他固定資産増減 O2 | | | | | |
| | 短期借入金返済 O3 | | | | | |
| | 長期借入金返済 O4 | | | | | |
| | 社債償還 O5 | | | | | |
| | その他固定資産負債増減 O6 | | | | | |
| | 運用合計（O合計） ③ | | | | | |
| 財務差引過不足（②-③） ④ | | | | | | |
| キャッシュフロー合計 ①+④ | | | | | | |
| 期首現預金 P | | | | | | |
| 期末現預金 Q | | | | | | |
| フリーキャッシュフロー（①-O1） R | | | | | | |
| 要返済債務合計（短借含む） S | | | | | | |
| 返済可能期間 S/R 年 | | | | | | |
| 投資 （実績ベース） ※左：投資項目 　右：投資金額 | | | | | | |
| 与件設定 | | | | | | |

## COLUMN 100億企業化推進プロジェクト

　船井総合研究所では地方創生に力を入れています。地方における大きな問題の1つに「働く場所の不足」があります。地域に根ざした産業や優良企業が少ないため、若い人はどうしても都市部へ働きに行きます。それにより地方の衰退、少子高齢化、過疎化などがいっそう加速することとなります。

　そのため、地方創生策の1つとして、各地域に根ざした地域コングロマリット経営・地域密着型の強い企業づくりに力を入れており、これを「100億企業化推進プロジェクト」と呼んでいます。

　地域で頑張っている10〜30億円レンジの企業の中で、成長意欲が高く、地域活性化にも意欲が高いトップの方に、「100億円企業」というビジョンを掲げてもらい、そこに向かう経営をあらゆる面でサポートしていくというものです。

　主に次の計画を対象企業と一緒につくり込みます。

・数値計画…達成年度の明確化と数値計画立案
・財務計画…資金需要や投資計画、金融機関対応計画立案
・事業計画…各事業や新規事業を含む事業計画立案
・人事/組織計画…要員計画、組織計画、採用計画立案
・DX計画…必要なシステム化、DXジャーニーマップ計画立案
・IPO・M&A計画…必要に応じてIPOやM&Aの計画立案

　そして、これらを「100億企業ビジョン」として分かりやすく表現し、従業員に展開して一体化を図っていきます。

第 **(12)** 章

# 落とし込み

　経営計画は、策定しただけでは意味がありません。従業員に納得してもらい、現場で実践し、改善されていく流れができてはじめて、経営計画は活きてきます。この章では、そのための手法について説明します。

　経営計画の展開においては、「従業員の理解・納得」、「単年度計画への落とし込み」、「最小単位への計画の落とし込み」、そして「PDCA体制の確立」がポイントとなります。これらの項目におけるポイントを理解して、経営計画を活きたものとしてください。

# 経営計画の集約

この章では、これまで構築してきた経営計画を集約し、それをどのように展開していくかを説明していきます。ここでは、経営計画集約シートの例を紹介します。

## ◇ 経営計画概要シート―全社版

　以下は、経営計画の概要が一目でわかるようにしたシートです。ビジョンに対して、年度別の各種重要数値やそれを達成するための重点実施事項を記載してください。

全社版の経営計画概要シート（12-1-1）

３ヵ年全社計画

| 3年後ビジョン<br>（　　）期 | | | | | | |
|---|---|---|---|---|---|---|
| | 売上高 | | 粗利額 | | 経常利益 | |
| | 1年目<br>（　　）期 | | 2年目<br>（　　）期 | | 3年目<br>（　　）期 | |
| 売上高 | | | | | | |
| 売上高総利益額（率） | | | | | | |
| 営業利益額（率） | | | | | | |
| 経常利益額（率） | | | | | | |
| キャッシュフロー額 | | | | | | |
| 従業員数 | | | | | | |
| 投資額 | | | | | | |
| 借入金残高 | | | | | | |
| 重点実施事項 | | | | | | |

## ◇ 経営計画概要シート―部門別版

　全社版からブレイクダウンし、部署ごとの計画を策定するシートです。

　全社ビジョン、全社計画と連動して自部門をどのような姿にしていくかを考えることは部門長、また部門メンバーにとっても大きな意味を持ちます。

３ヵ年部門計画　（　　　　　　）部門

| 部門ミッション<br>3年後部門ビジョン<br>（　　　）期 | | | | | | |
|---|---|---|---|---|---|---|
| | 売上高 | | 粗利額 | | 経常利益 | |
| | 1年目<br>（　　　）期 | | 2年目<br>（　　　）期 | | 3年目<br>（　　　）期 | |
| 部門売上高 | | | | | | |
| 売上高総利益額（率） | | | | | | |
| 部門営業利益額（率） | | | | | | |
| 従業員数 | | | | | | |
| 投資額 | | | | | | |
| 借入金残高 | | | | | | |
| 重点実施事項 | | | | | | |

# 経営計画の落とし込み

ここでは、経営計画をどのように展開し、従業員に落とし込んでいくかの全体像について説明します。

## ◆ 経営計画の展開と落とし込み

**経営計画**は、作成しただけでは意味がありません。実際に実行されてはじめて、活きた計画となります。

計画を活きたものにするには、次のようないくつかのポイントがあります。

### ● 経営計画の要約版策定

経営計画は、一般にページ数の多い分厚いものになりがちです。ただし、従業員に展開するときは、ひと目であらましが伝わるように工夫する必要があります。

### ● 従業員への認知

経営計画を従業員に認知してもらうことにより、船井総合研究所が大切にしている従業員の一体化やベクトル合わせができます。そのための資料や全社会議・経営計画発表会などの展開が必要となります。

### ● 年度計画への落とし込み

経営計画を実行に移すには、年度ごとの詳細計画が必要不可欠です。できれば月次単位まで落とし込んでください。

### ● 最小単位（個人・チーム）への落とし込み

年度計画の最小単位（個人・チーム）への落とし込みを実施します。ただし、評価制度などとの連動の仕方や企業体質などの違いのため、どこまで落とし込むかは企業によって大きく異なります。

### ● PDCA 体制の確立

最後に、計画を実行に移し、それを定期的にチェック／フォローし、修正していくことが必要です。

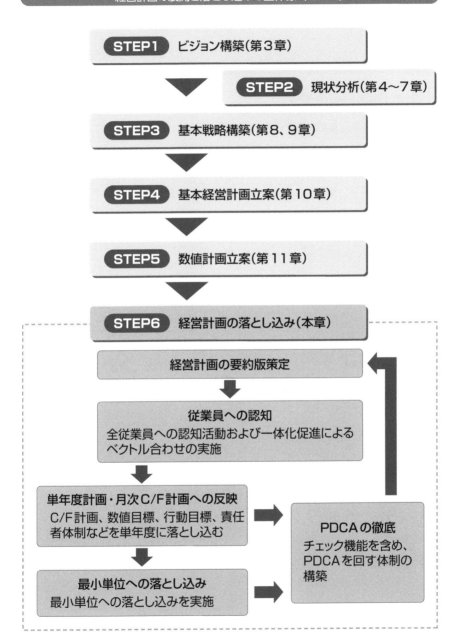

経営計画の展開と落とし込みの全体像（12-2-1）

**STEP1** ビジョン構築（第3章）

**STEP2** 現状分析（第4〜7章）

**STEP3** 基本戦略構築（第8、9章）

**STEP4** 基本経営計画立案（第10章）

**STEP5** 数値計画立案（第11章）

**STEP6** 経営計画の落とし込み（本章）

経営計画の要約版策定

従業員への認知
全従業員への認知活動および一体化促進による
ベクトル合わせの実施

単年度計画・月次C/F計画への反映
C/F計画、数値目標、行動目標、責任
者体制などを単年度に落とし込む

最小単位への落とし込み
最小単位への落とし込みを実施

PDCAの徹底
チェック機能を含め、
PDCAを回す体制の
構築

第12章 落とし込み

# 3 経営計画要約版の作成

これまで作成したビジョンや基本戦略、事業計画、部門別計画などを集約し、簡単にまとめます。

## ◇ 経営計画要約版の作成

経営計画を簡単に集約したものを作成します。

経営計画は、現状分析から戦略の方向性、具体的な事業計画、部門別計画、数値計画に至るまでを並べると、かなりのページ数になります。筆者らのようなコンサルタント会社が顧客企業から依頼を受けて作成する場合には、その内容は数百ページにも及びます。そのままでは内容があまりにも多すぎて、従業員に展開する際に要点が伝わりにくくなります。そのため、**要約版**を作成しておいた方が、従業員展開を効果的に進めることができます。

要約版は、その対象者に合わせて、大枠で3パターンほど作成することがあります。

### ● リーダークラス向け

リーダークラスは、実際に現場で経営計画を実践してもらう重要な層です。そのため、各パートのサマリーを極力、原文に近い形で見てもらうのがよいでしょう。

### ● 一般従業員向け

一般従業員にまで展開する場合は、その内容を1枚に集約し、壁に貼るなどの認知活動を実施することもあります。

### ● ステークホルダー向け

株主などのステークホルダー*向けにも経営計画は必要です。自社の方向性を明示し、今後も支援していただけるように、できるだけ簡潔に、ビジュアルを多用して分かりやすくする必要があるでしょう。

図12-3-1は、経営計画を1枚に圧縮したシートの例です。3年後のビジョンと数値目標、それらを年度ごとに落とし込んだ表、重要な数値目標（これは会社によって

---

＊**ステークホルダー**　企業活動に関わる利害関係者のこと。従業員、株主、取引先、地域社会、行政機関などを指す。

異なるため、必要と思われるものを記載のこと）、それを達成するための戦略的観点からの主な重点実施事項を簡潔に記載したものです。作成時の参考にしてください。

## 経営計画概要シート―全社版〈上〉と部門別版〈下〉（12-3-1）

３ヵ年全社計画

| 3年後ビジョン （　　）期 | | | | | | |
|---|---|---|---|---|---|---|
| | 売上高 | | 粗利額 | | 経常利益 | |
| | 1年目 （　　）期 | | 2年目 （　　）期 | | 3年目 （　　）期 | |
| 売上高 | | | | | | |
| 売上高総利益額（率） | | | | | | |
| 営業利益額（率） | | | | | | |
| 経常利益額（率） | | | | | | |
| キャッシュフロー額 | | | | | | |
| 従業員数 | | | | | | |
| 投資額 | | | | | | |
| 借入金残高 | | | | | | |
| 重点実施事項 | | | | | | |

３ヵ年部門計画　（　　　　）部門

| 部門ミッション 3年後部門ビジョン （　　）期 | | | | | | |
|---|---|---|---|---|---|---|
| | 売上高 | | 粗利額 | | 経常利益 | |
| | 1年目 （　　）期 | | 2年目 （　　）期 | | 3年目 （　　）期 | |
| 部門売上高 | | | | | | |
| 売上高総利益額（率） | | | | | | |
| 部門営業利益額（率） | | | | | | |
| 従業員数 | | | | | | |
| 投資額 | | | | | | |
| 借入金残高 | | | | | | |
| 重点実施事項 | | | | | | |

第12章 落とし込み

# 経営計画の発表

経営計画の要約版を利用目的ごとに作成したら、それを発表することになります。ここでは発表のポイントをまとめます。

## ◇ 経営計画の発表

経営計画は、作成してからが本当のスタートです。その第一歩が従業員への展開です。そのために、前節では要約版の資料作成を行いました。

そして、従業員への展開をより効果的なものとするには、従業員に向けて発表するのがよいでしょう。

### ● 経営計画発表会

全従業員を1つの場所に集めて、経営計画発表会を実施するのが最も効果的です。できれば、年に1回は開催したいものです。3〜5年に1回は中長期経営計画の発表、それ以外の年はその進捗と年度計画の発表、という形にするのがよいでしょう。

近年は中小企業であっても、取引先や株主といったステークホルダーなども呼んで実施する会社も増えてきています。

### ● 部署別での落とし込み

年中無休での営業のような事業上の制約や、人数の制約、拠点の関係などから、一堂に会して実施するのが困難な会社もあるでしょう。

その場合でも、時間帯や場所を分けて実施するなどの方法で、トップ自らが全従業員に対し、経営計画の意図、方向性、そして「従業員には何を頑張ってほしいか」をできる限り直接伝えるようにしてください。

いずれにしても、経営計画は、まず何よりもトップ自らが従業員に対して口頭で伝えることが重要です。上記のようなイベント時の発表だけで終わらせるのではなく、毎月の全社会議など、トップが話す場では、できる限り経営計画に関することを述べるようにしてください。そうしたことの繰り返しにより、経営計画は確実に従業員の間に浸透していきます。

## 発表用資料のイメージ（12-4-1）

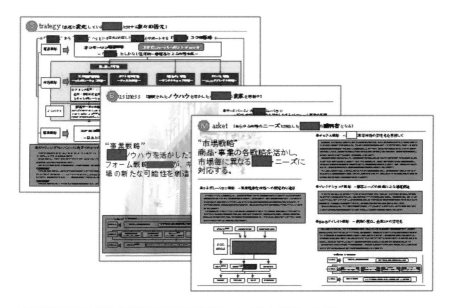

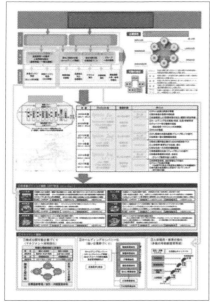

**⬆中期経営計画要約版**
数枚にわたり、ビジュアルと組み合わせて分かりやすく記載

**⬅中期経営計画1枚集約版**
1枚に経営計画の方向性を分かりやすい言葉でコンパクトに記載

# 年度計画への落とし込み①
## …部署別年度計画

ここからは、中期経営計画を年度計画に落とし込んでいきます。まずこの節では部署別年度計画について説明します。

## ◇ 部署別年度計画への落とし込み

中期経営計画を実行するには、年度ごとのより詳細な計画に落とし込む必要があります。落とし込みのポイントは次のとおりです。

### ● 落とし込みの単位

落とし込みの単位は会社によって異なりますが、基本は予算編成単位であり、その予算や経営目標を達成するための単位となります。会社によってはチームや課のレベルのところもあるでしょう。原則として予算・責任・権限が伴っている部署のくくりの最小単位まで落とし込み、その単位で年度の計画を作成してもらうことになります。

### ● ミッションの明確化

まず、その部署や課などの単位で、全社の中期計画に沿った大きな方針やミッションを明確にしてもらいます。その部署や課は何のために存在し、どのような役割を担うかを、所属メンバーに明確に示すことが重要です。

### ● その年の数値目標と行動目標の明確化

さらに、その年度の大きな定量（数値）目標と定性（数値以外の目標）目標を設定してもらいます。このとき、定量目標とするのは部署単位の売上や利益だけでなく、重要視する数字があれば、それも明確に目標に取り込んでください。例えば「重点販売商品の販売数量」や「新規顧客開拓数」などです。

定性目標に関しては例えば、「人材育成目標や仕組の変更など、数値には表れにくいけれども実施しなければならない項目」、「数値目標を達成するための行動目標」といったものを明確化します。

● 月次ベースへの落とし込み

　年度ごとの大きな目標設定ができれば、直近の1年のみ、それを月次単位に落とし込んでもらいます。数字は、毎月および四半期ごとにチェックできるようにしておいてください。行動に関しては、「いつまでに」「誰が責任を持って」「何を達成するか」を明確にしておく必要があります。

● その他のポイント

　次ページの図12-5-1に部署別年度計画シートの例を示しています。前述の項目以外に、例えば人員数や生産性などを記載するようにしています。このように、自社が大切にするポイントや部署の責任・権限の範囲で重要なポイントを考えさせるようにしてください。

## ◇ KPI設定

　部署別の計画を上手に回すために、もう1つ重要なポイントがあります。それがKPI*（**重要業績評価指標**）です。一般的に計画は、売上や利益といった業績に直結する目標の設定が中心となります。KPIとは「日常の行動とリンクしており、その数値を追いかけると必然的に目標の売上などが達成される指標」であり、それを発見できれば、社員の行動変革に大きな影響を与えることができます。例えば、売上目標を達成するためには既存顧客の売上増加が重要だとします。そこで、営業分析をした結果、既存顧客売上につながるリピート率アップと顧客への訪問回数に強い相関関係が見られたとすると、営業社員の個人別売上目標以外に、顧客別訪問回数をKPIとして設定します。具体的には、次のようなポイントがあります。

①自社が重要視している現場KPIを認識すること
②自社が位置する業界が重要視しているKPIも認識しておくこと
③業績を上げることのできるビジネスモデルを分析・明確化すること
④そのモデルをKPIに落とし込むこと
⑤落とし込みの際には、各部門の責任者を巻き込み、活動モデルの変更、KPIの重要性を認識してもらい、その上で自ら目標値を設定させること
⑥KPIを最低でも月次で取得できるようにすること
⑦帳票を用意し、認識させること
⑧毎月の会議で徹底的にKPI指標を追いかけること

＊ **KPI**　Key Performance Indicator の略。

## 部署別年度計画シート（12-5-1）

部署別目標設定シート

| 部署名 | | 期間 | | 責任者 |
|---|---|---|---|---|
| 部署方針・ミッション | | | | |
| 売上高目標（単位：千円） | | 粗利額目標：千円 | | |
| 正社員数 | | パート・アルバイト数 | | |

・商品別売上目標（※必要のない部署は記入しなくともよい）

| 商品名（ | | | ） | 商品名（ | | | ） | 商品名（ | |
|---|---|---|---|---|---|---|---|---|---|
| 売上高 | 販売数 | 粗利額 | シェア | 売上高 | 販売数 | 粗利額 | シェア | 売上高 | 販売数 |

・月次計画（単位：千円）　※その他数値目標（ex.顧客獲得目標や経費目標など）を記入する

| 目標項目 | 月 | 月 | 月 | 第一四半期計 | 月 | 月 | 月 | 第二四半期計 | 月 |
|---|---|---|---|---|---|---|---|---|---|
| 売上高 | | | | | | | | | |
| 粗利額 | | | | | | | | | |
| 事業利益 | | | | | | | | | |
| | | | | | | | | | |
| | | | | | | | | | |
| | | | | | | | | | |

・KPI計画　※上記売上や利益などを達成するために鍵となる行動を数値化し記載する

| 目標項目 | 月 | 月 | 月 | 第一四半期計 | 月 | 月 | 月 | 第二四半期計 | 月 |
|---|---|---|---|---|---|---|---|---|---|
| | | | | | | | | | |
| | | | | | | | | | |
| | | | | | | | | | |
| | | | | | | | | | |
| | | | | | | | | | |
| | | | | | | | | | |

・上記目標を達成するために計画的に動く月次行動計画

| 大項目 | 中項目 | 具体的施策 | 担当者 | 月 | 月 |
|---|---|---|---|---|---|
| | | | | | |

|  | 記載者 |  | 記載年月 |  |
|---|---|---|---|---|
|  | 部門経費目標：千円 |  | 部門利益目標：千円 |  |
|  | 増員（正社員／パート） |  | 生産性 |  |

| ） | | 商品名（ | | | ） | | 商品名（ | | | ） |
|---|---|---|---|---|---|---|---|---|---|---|
| 粗利額 | シェア | 売上高 | 販売数 | 粗利額 | シェア | 売上高 | 販売数 | 粗利額 | シェア |

| 月 | 月 | 第三四半期計 | 月 | 月 | 月 | 第四四半期計 | 合計 |
|---|---|---|---|---|---|---|---|
|  |  |  |  |  |  |  |  |
|  |  |  |  |  |  |  |  |
|  |  |  |  |  |  |  |  |
|  |  |  |  |  |  |  |  |
|  |  |  |  |  |  |  |  |

| 月 | 月 | 第三四半期計 | 月 | 月 | 月 | 第四四半期計 | 合計 |
|---|---|---|---|---|---|---|---|
|  |  |  |  |  |  |  |  |
|  |  |  |  |  |  |  |  |
|  |  |  |  |  |  |  |  |
|  |  |  |  |  |  |  |  |
|  |  |  |  |  |  |  |  |

| 月 | 月 | 月 | 月 | 月 | 月 | 月 | 月 | 月 | 月 |
|---|---|---|---|---|---|---|---|---|---|
|  |  |  |  |  |  |  |  |  |  |
|  |  |  |  |  |  |  |  |  |  |
|  |  |  |  |  |  |  |  |  |  |
|  |  |  |  |  |  |  |  |  |  |
|  |  |  |  |  |  |  |  |  |  |
|  |  |  |  |  |  |  |  |  |  |
|  |  |  |  |  |  |  |  |  |  |
|  |  |  |  |  |  |  |  |  |  |
|  |  |  |  |  |  |  |  |  |  |
|  |  |  |  |  |  |  |  |  |  |
|  |  |  |  |  |  |  |  |  |  |

第12章　落とし込み

# 年度計画への落とし込み②
## …C/F 年度計画

C/F 計画の年度への落とし込みについて説明します。

## ◇ 月次キャッシュフロー(C/F)計画の策定

　財務的な観点から、できるだけ実施していただきたいのが月次C/F計画です。11-9節で述べたとおり、決算書上の損益と実体のお金の流れは異なり、後者を明確化するのがC/F計画の目的です。

　11-10節で立てた中期的なC/F計画は、「毎年、だいたいどれくらいのお金の過不足が発生し、それを財務的にどう調達するか」の計画でした。それを、年度計画では月次に落とし込みます。月ごとにお金の出入りが違うため、「どの月にどれくらいのお金が必要になるのか」が事前に分かっていると、金融機関との交渉を含む資金調達がスムースに行えます。また、資金不足の月に備えて現金をためておく、といったことも計画的に実施できます。これを "資金繰り" といい、経営者が最も頭を悩ますことの1つです。この資金繰りを上手に行えない会社の多くが倒産します。それを防ぐのが**月次C/F計画**です。

　例えば、どのような会社にも繁忙期と閑散期があります。これは、事前にだいたい分かっているものです。閑散期は売上が少ないので、当然、会社に入ってくる現金も少なくなります。しかし、繁忙期に向けて仕入発注などを実施すると、事前にお金は出ていきます。また、そこに賞与などの季節経費増が重なると、会社の現金はあっという間に底を突きます。それが事前に分かっていれば、金融機関に短期借入金を申し込みます。これを直前になって申し込むのと、数ヵ月前に申し込むのとでは、金融機関側からの信用度が大きく違ってきます。ちゃんと計画を立てている会社は、当然ながら金融機関からも信用されて、支援も受けやすくなります。

　このような月次C/F計画ですが、作成方法はそれほど難しくありません。全社の月次売上計画や投資計画、そして月ごとに必要な経費や投資時期などを落とし込んでいくだけです。基本は中期C/F計画と同じです。

　上記のとおり月次C/F計画はとても重要なので、確実につくっておきましょう。

## 月次キャッシュフロー計画シート（12-6-1）

| | | | 月 | | 月 | | 月 | | 月 | | 月 |
|---|---|---|---|---|---|---|---|---|---|---|---|
| 損益 | 売上高（左：前年同月比） | | | | | | | | | | |
| | 売上総利益（左：売上高比率） | | | | | | | | | | |
| | 一般管理販売費（左：売上高比率） | | | | | | | | | | |
| | 営業利益（左：売上高比率） | | | | | | | | | | |
| | 営業外収益（左：売上高比率） | | | | | | | | | | |
| | 営業外費用（左：売上高比率） | | | | | | | | | | |
| | 経常利益（左：売上高比率） | | | | | | | | | | |
| | 特別損益（左：売上高比率） | | | | | | | | | | |
| | 税引き前利益（左：売上高比率）A | | | | | | | | | | |
| 損益C/F | 減価償却実施額 | B | | | | | | | | | |
| | 諸引当金積増額 | C | | | | | | | | | |
| | 除却費 | D1 | | | | | | | | | |
| | 前期損益修正損 | D2 | | | | | | | | | |
| | 法人税等流出額 | E | | | | | | | | | |
| | 配当金、役員賞与 | F | | | | | | | | | |
| | 損益キャッシュフロー　計<br>（A+B+C+D-E-F） | G | | | | | | | | | |
| 営業活動C/F | 売上債権増減 | H | | | | | | | | | |
| | 棚卸資産増減（左：在庫高） | I | | | | | | | | | |
| | 仕入債務増減 | J | | | | | | | | | |
| | その他流動資産増減 | K | | | | | | | | | |
| | その他流動負債増減 | L | | | | | | | | | |
| | 営業キャッシュフロー　計<br>（G-H-I+J-K+L） | ① | | | | | | | | | |
| 財務調達 | 新規短期借入金 | N1 | | | | | | | | | |
| | 新規社債発行 | N2 | | | | | | | | | |
| | 新規長期借入金 | N3 | | | | | | | | | |
| | 有価証券・固定資産売却 | N4 | | | | | | | | | |
| | 調達合計（N合計） | ② | | | | | | | | | |
| 財務運用 | 設備投資・敷金など | O1 | | | | | | | | | |
| | その他固定資産増減 | O2 | | | | | | | | | |
| | 短期借入金返済 | O3 | | | | | | | | | |
| | 長期借入金返済 | O4 | | | | | | | | | |
| | 社債償還 | O5 | | | | | | | | | |
| | その他固定資産負債増減 | O6 | | | | | | | | | |
| | 運用合計（O合計） | ③ | | | | | | | | | |
| | 財務差引過不足（②-③） | ④ | | | | | | | | | |
| | キャッシュフロー合計　①+④ | | | | | | | | | | |
| | 期首現預金 | P | | | | | | | | | |
| | 期末現預金 | Q | | | | | | | | | |
| | フリーキャッシュフロー（①-O1） | R | | | | | | | | | |
| | 要返済債務合計（短借含む） | S | | | | | | | | | |
| | 返済可能期間　S/R　年 | | | | | | | | | | |
| | 投資<br>（実績ベース）<br>※左：投資項目<br>　右：投資金額 | | | | | | | | | | |
| | 与件設定 | | | | | | | | | | |

# 年度計画への落とし込み③ …最小単位

年度計画策定の最後は、計画の最小単位（個人やプロジェクトチーム）への落とし込みとなります。

## ◇ 計画の最小単位と計画のリンク

年度計画は、最終的に最小単位までの落とし込みが必要となります。最小単位は会社によって、また部署ごとに変わります。例えば営業職のように、数値目標が明確に個人単位まで落とし込めるような場合は、個人が最小単位となります。一方、チームなどの単位で数値目標やプロジェクト目標を持っている場合は、通常、そのくくりが最小単位となります（評価とリンクさせて個人目標にまで落とし込んでいる会社もあります）。

ここで重要なのは、全社のビジョン・目標・計画と最小単位の目標・計画がきちんとリンクしていることです。ここまでできてはじめて、計画が全従業員のものとなり、従業員の一体化が図れます。

最小単位への落とし込みの際に留意すべきポイントは次のとおりです。

### ● 全社中期計画の理解

最小単位への落とし込みの担当者には、全社や部署の中期計画を理解させておく必要があります。この理解がないと、一体化は図れません。

### ● 自分たちで考えさせる

最小単位（個人やプロジェクトチームなど）へ落とし込む際の理想形は、「中期計画とリンクして、自主的にその計画に必要な形で個人などがどうあるべきか、何をすべきかの計画を立てる」ことです。ただし、それには高度な能力と自主性が必要です。

そこで、目標や計画を立てさせる場合、基本的に目標の基準値やミッションを与えた方がよいでしょう。その上で、それらの落とし込みや目標設定を自分たちで考えさせることです。さらに、先に述べたKPIを有効に使うことが重要です。このKPIにより、従業員の行動変革を起こすこともできます。

　また、評価と連動させた個人の目標管理制度を実施している会社もありますが、部署などの計画とまったく連動していない、個人的な目標や計画ばかりの場合があります。それもムダとはいえませんが、あまりうまく機能していないように思われます。やはり、全体と連動した計画づくりを優先させるべきでしょう。

## 最小単位への落とし込みイメージ（12-7-1）

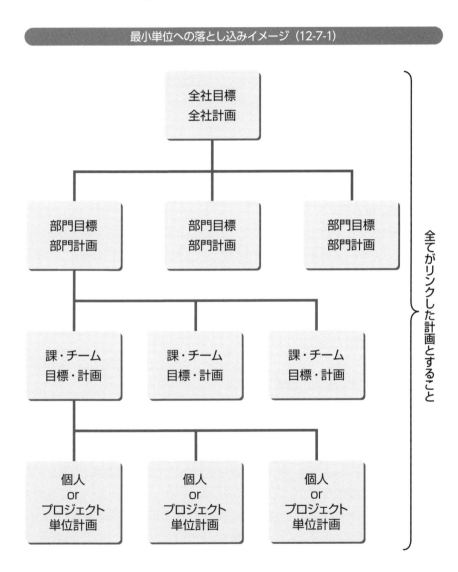

第12章　落とし込み

# PDCA 体制の確立

計画ができたあとは、それをどのように回していくか、という PDCA 体制を確立する必要があります。

## ◇ PDCA 体制の重要性

1-2節でも簡単に述べましたが、計画で最も重要な部分は、実行し、それをチェックし、検証しながら、目標や行動を修正していく**PDCA**体制の確立です。

この PDCA 体制が整ってはじめて経営計画といえます。

## ◇ PDCA 体制構築におけるポイント

PDCA 体制の確立において重要なポイントは次のとおりです。

### ● Do（実行）体制

最も重要なのは、計画を実行に移すことです。経営計画はつくったものの実行されない、というケースをよく見かけます。なぜそうなるかというと、計画を立てずとも、会社の日常の業務はなんら変わらず回っていくからです。そのため、せっかくつくった目標や行動計画も徐々に忘れられ、日常業務の中に埋没してしまうのです。

目標を立てたら、熱意と実行力をもって行動に移してください。そうさせるのがトップや各リーダーの重要な役割です。

### ● Check（管理）の仕組みの構築

実行と共に重要なのは、目標の進捗を管理するチェック体制です。定量目標については、必要なタイミングで必要な単位で達成度の数字が出てくる体制にしなければなりません。そうでないと、目標の進捗管理ができません。例えば、部署ごとの利益計画を立てたとしましょう。その達成状況が半年に1回とか決算時にしか出てこないとなると、目標どおりに進んでいるかどうか、誰もチェックしようがなく、当然ながら行動修正もできません。また、数字が2ヵ月後や3ヵ月後に出てきても遅すぎます。

このように、重要な指標として立てた数値目標の達成度をチェックできる仕組みの構築が必要です。

● Check（管理）の場の構築

　また、出てきたデータに基づき、それらをチェックする場が必要です。それが会議体です。会議は、目標設定の単位（全社、事業部、課など）に対応したレベルで実施するのが効果的でしょう。また、最低でも月１回は実施するべきです。

● Action（修正）の実施

　上述の会議の場において、達成度の数字に基づき、行動の修正をすぐに指示して実施させることが重要です。また、半期ごとや年度ごとに、改めて目標と達成度を見直し、目標自体の修正を考えていくことも必要でしょう。

　ここまでできてはじめて、経営計画は活きたものとなり、素晴らしい結果が生まれることも期待できるのです。

**PDCA体制のポイント（12-8-1）**

| 明確な戦略指針と計画化 | | |
|---|---|---|
| 項目 | 強みへの対応 | 弱みへの対応 |
| 実施事項 | 徹底的に伸ばす戦略 | 必要であれば改善 |
| 項目 | 市場機会対応 | 市場脅威対応 |
| 実施事項 | スピードをもって対応 | リスクの明確化と対応 |

熱意と即行動

Plan
Do
Action
Check

反省による改善

目標進捗管理／会計・内部監査体制

第12章　落とし込み

# 計画のリアルタイム管理

最後に、立案した計画における各種重要指標のリアルタイム管理手法について説明します。

## ◆ 計画チェックスパン

前節ではPDCA体制について説明しましたが、立てた計画がしっかり回っているかどうか、各種会議などを通して検証していくPDCA活動の重要性については理解していただけたものと思います。

経営層の方々は、月1回の会議時に1～2ヵ月遅れで出てくる計画達成感データや決算書を見て、大きな決断をしていることでしょう。しかし、経営スピードが速まっている今日、そのスパンでの確認はもはや遅いといわれつつあります。現在のニーズは、経営層が"見たいタイミングで""見たい数値を""リアルタイムに近い形で"見られないか、ということです。

このニーズは、現場リーダーや一般社員においても同じです。計画につながる各種KPIは、各社員の動きを的確に判断するものであり、前節では「最低でも月1回は」会議で追いかけることを推奨していました。これは最低限であり、その収集と現場社員へのレスポンスはより素早く高頻度であるに越したことはありません。

そのため、「月1➡週1➡毎日」と頻度が上がれば上がるほど、計画に直結する機敏な動きがとれるようになります。

## ◆ BIツールの活用

このニーズに対応するのが**BI（ビジネスインテリジェンス）ツール**といわれるものです。これは、各所に散らばっているデータを収集し、見やすい形でグラフ化して表示してくれるツールです。

例えば、自社で動いている各種のシステムはかなりの数になると思います。それらのシステムから、API（アプリケーションプログラミングインターフェース）連携やRPA（ロボティックプロセスオートメーション）を使って、リアルタイムに近い形で自動的にデータを収集することも可能です。

　また、営業の現場が訪問計画やその実行度合いを表計算ソフトのようなもので管理しているとします。そういった管理にクラウド上の表計算ソフトを利用してもらうようにすれば、BIツールによるリアルタイムでのデータ収集が可能となります。

　BIツールはデータを一元的に収集するだけでなく、集めたデータをひと目で分かるようにグラフ化することもできます。まさしく、見たいデータをすぐその場で確認できるわけです。

　計画推進の効率・効果を高めてくれるBIツールの活用を強くお勧めします。

BIツールのイメージ（12-9-1）

## COLUMN　自助の考えが成功をもたらす

　筆者が船井総合研究所に入社し、はじめて船井幸雄 (元最高顧問) と話したときのことです。

　「今年入社した菅原です。船井会長 (当時)、新入社員として、まず自分は何に気をつければよいでしょうか?　どのような勉強をしたらよいでしょうか?」

　これに対して船井はこのように答えてくれました。「スマイルズという人が書いた『自助論』という本を読みなさい。世の中の成功哲学といわれているものの原典の1つとされている本だよ。そこには、社会人として、人として、身につけなければならない基本が書いてある。ノウハウなどの前に、これをしっかり理解し、実践しなさい」。この本では「自助・自責」について次のように説いています。

　世の中でうまくいっていない人のほとんどが、「他責」の念で生きている。周りが悪い、環境が悪い、会社が悪い、果ては親が悪いなど、全て周りの責任にする。

　これに対して、成功している人は、自責ということが身についている。人間は、全て自分で決定しており、全ての責任は自分にある──。

　筆者は研修の場でもよくこのような話をします。「この会社に入ったのは、全て自分の意思ですよね。脅されて入った人はひとりもいないはずです。だとすると、自分で決定しておいてうまくいかないことを、なぜ、会社や他人の責任にするのですか?　人間は、全て自分で決定しているはずです。自分で決めて入ってきたのであれば、会社や仕事と、もっと真剣に向き合いましょう。そうして、起きることから逃げないで立ち向かうようにしていれば、必ず成功するでしょうし、何より楽しくなってきますよ」。

　仮に、明らかに自分は悪くないと思うような災難に遭っても、そこから逃げるのではなく、そして、他人を頼るのではなく、自分で真剣に立ち向かっていけば、必ず成功するものです。

# Index 索引

276

## ●著者紹介

## 菅原祥公（すがはら　よしひと）

1968年生まれ
1991年　株式会社船井総合研究所入社
2010年　同社　執行役員　マーケティング企画室室長　兼　第二経営支援本部副部長
2014年　同社　執行役員　経営戦略事業部部長
2017年　同社　執行役員　経営改革事業本部本部長
2019年　同社　取締役執行役員　管理本部本部長
2020年　同社　取締役常務執行役員　管理本部本部長（現任）
2023年　成長戦略株式会社　代表取締役社長（現任）

船井総合研究所に入社以来、中期経営計画や株式公開をはじめ、事業再生や事業承継がからんだ事業計画立
案やM&A案件に多く関わってきた。現在は、総合コンサルティング会社である船井総合研究所の取締役常務
執行役員ならびに企業の補助金活用などを中心としたコンサルティングを実施する成長戦略株式会社の代表
取締役に就いている。
著書に『図解入門　ビジネスデューデリがよ〜くわかる本』（秀和システム刊）、『なぜ財務を知っている社員は出
世するのか』（自由国民社刊）などがある。

- ㈱船井総合研究所への企業経営に関する無料経営相談
  フリーダイヤル：0120-958-270（平日9:45〜17:30）
  インターネットでの無料経営相談：
  https://www.funaisoken.co.jp/form/consulting/

- 成長戦略㈱への補助金活用に関する無料経営相談無料経営相談
  ダイヤル：03-5801-0172（平日10:00〜17:00）
  インターネットでの無料経営相談：
  https://www.ss-kk.co.jp/toiawase/

図解入門ビジネス

最新中期経営計画の基本が
よ〜くわかる本［第3版］

| 発行日 | 2023年 2月20日 | 第1版第1刷 |
| --- | --- | --- |
| | 2024年 6月 3日 | 第1版第2刷 |

著 者　菅原　祥公

発行者　斉藤　和邦
発行所　株式会社　秀和システム
　　　　〒135-0016
　　　　東京都江東区東陽2-4-2　新宮ビル2F
　　　　Tel 03-6264-3105（販売）　Fax 03-6264-3094
印刷所　三松堂印刷株式会社　　　　Printed in Japan

ISBN978-4-7980-6878-7 C2034